BETEN
IM ALLTAG

action365

Der Umschlagtitel
LACHEN · WEINEN · SPRECHEN
wird auf Seite 140 erläutert

SO NAHE WAR UNS
DER HERR VIELLEICHT NOCH NIE,
WEIL WIR NOCH NIE
SO UNGESICHERT WAREN.

Pedro Arrupe SJ

Er stieg in das Boot, und seine Jünger folgten
ihm. Plötzlich brach auf dem See ein gewaltiger Sturm los, so daß das Boot von den
Wellen überflutet wurde.

Jesus aber schlief. Da traten sie zu ihm, weckten ihn und schrien: Herr, rette uns, wir gehen
zugrunde! Er sagte zu ihnen: Warum habt ihr
Angst, ihr Kleingläubigen?

Mt 23-26, a

Die Freunde Jesu
in einem Boot.
Wie eine Nußschale
im Meer.

Wird unser Schiff
standhalten?
Wo ist das Ufer?
Wer trägt uns?

Dem Übermächtigen
und Dunklen
in uns
und dieser Welt
ausgesetzt
und doch
in der Hand Gottes
geborgen.

Zur Freiheit
berufen
und ganz und gar
aufeinander
angewiesen.

So erfahren wir
unser Leben.

„Vielleicht war uns
der Herr
noch nie so nahe,
weil wir noch nie
so ungesichert waren."

Wolfgang Tarara SJ

Eine Sammlung von Texten
und Gebeten
aus den Schriftlesungskalendern
„365 mal Gottes Wort“

Verlag der action 365
Kennedyallee 111 A · 6000 Frankfurt 70
ISBN 3-925138-10-2
Überarbeitete Auflage: August 1988

GLAUBE
LOB GOTTES

FREIHEIT

Vater im Himmel,
sei du das Heil,
gib, daß wir unsere Armseligkeit
hinter uns lassen
und an dich gelehnt, uns hinauswagen,
in die unbekannten Meere
der Freiheit.

Herr, ich bitte dich nicht
um ein ruhiges Leben,
warm und satt, windstill und wellenlos.

Ich bitte dich aber,
bleibe in meinem Boot,
das andere Ufer rückt näher,
der Sturm nimmt zu und die Angst...

Gott, du bist da.
Deine Gegenwart umhüllt und durchdringt uns
wie die Luft, die wir atmen,
ohne die wir nicht leben können.

Gib, daß wir dir ganz vertrauen
und leben ohne Angst.

BEVOR WIR DICH SUCHEN

Noch bevor wir dich suchen,
bist du bei uns.
Bevor wir deinen Namen kennen,
bist du schon unser Gott.

Öffne unser Herz für das Geheimnis,
in das wir aufgenommen sind:
Daß du uns zuerst geliebt hast,
und daß wir glücklich sein dürfen mit dir.

Nicht, weil wir gut sind,
dürfen wir uns dir nähern, sondern
weil du Gott bist.

Manchmal, für einen Augenblick,
halte ich ein,
mitten im Trubel des Tages,
verschließe meine Augen und Ohren,
und bin einen Augenblick glücklich:
Ich bin nicht allein,
du bist da, mein Gott.

Wie das Morgenrot
ist mein Gott
zu jeder Zeit.

Wie das Morgenrot,
das den Menschen
die Zärtlichkeit
des Vaters kündet,
so ist mein Gott.

Der Gott des Morgens
und des Abends,
der Gott des Jahres
und der Jahrhunderte.

Gott ist das Morgenrot
des Lebens.

DICH ERKENNEN

Herr, Gott,
du bist nicht unerreichbar und erhaben,
du willst keinen großen und bewunderten Platz
einnehmen in dieser Welt,
du bist den Weg jeder Saat gegangen,
du bist wie Brot
so unauffällig und gewöhnlich,
nährend und unentbehrlich.

Wir hoffen,
daß wir dich wiedererkennen
in jeder Saat, in jedem Brot,
in allen Menschen.

Gib uns Augen zu sehen.

Du bist ganz anders, Gott,
als wir dich denken,
das hast du uns gezeigt
in Jesus Christus.

Er, der dein Sohn ist
und Licht von deinem Lichte,
er ist demütig unseren Weg gegangen
mehr nicht als irgendeiner in der Welt –
so hast du uns gerettet.

Wir danken dir,
daß du gekommen bist in diesem Menschen
und daß du uns so nahe bist
heute und alle Tage.

GOTTES NAMEN

Gott, ich spreche deinen Namen
in die Dunkelheit,
in das Dunkel meiner Angst,
in die Finsternis meiner Schuld,
in die Not meiner Fragen und Zweifel.

Gott, ich lege in diesen Namen
mein ganzes Vertrauen,
meine Hoffnung auf Geborgenheit,
meine Sehnsucht nach einem Du,
mein Verlangen, angenommen zu sein.

Gott, dein Name hat in mir ein vertrautes Echo,
es antwortet in mir
meine Einsamkeit auf dich,
es antwortet in mir
meine Verlorenheit auf dich,
es antwortet in mir, mein kleines armseliges Ich.

Denn frage ich nach mir,
so stoße ich auf dich,
verliere ich mich,
so fehlst du mir.

Ich bin nicht ohne dich.

DU VERWANDELST MICH

Herr, ich danke dir,
daß ich für dich keine Nummer bin,
kein Abziehbild, kein Poster für 13,50 DM,
sondern dein Geschöpf, dein Original,
erstmalig, einmalig, letztmalig.

Herr, du verstehst mich,
wenn ich dir sage:
ich kann das alles nicht fassen,
wenn ich auf mein Leben schaue.

Da muß ich immer eine Rolle spielen,
da muß ich immer einen Wert darstellen.

Da muß ich immer mein Versagen verdecken.

Da muß ich immer meine Vergangenheit überspielen.

Da habe ich so viele Gesichter.

Herr, in der Kirche beten sie jeden Sonntag:
„Der Herr lasse sein Angesicht leuchten über dir."

Ich bitte dich jetzt:
Überstrahle mein Gesicht, mein Leben.

Dann kann ich endlich aufhören,
mich ändern zu wollen.

Du verwandelst mich.

Dafür danke ich dir.

Gott,
du bist die Fülle,
all unsere Quellen entspringen in dir,
auch die Liebe.

Du bist die Fülle
und wir die Leere.

Wir haben viele leere Krüge,
oft geht uns der Wein aus,
der Wein der Menschenfreundlichkeit,
der Wein des Erbarmens,
der Wein des Wohlwollens.

Oft geht uns der Wein aus,
und wir müssen mit Wasser,
mit Essig leben,
und dann wird das Leben zur Hölle
und wir sind getrennt.

Und so bitten wir dich:

Gott,
hilf uns, daß wir alles tun,
die leeren Krüge voll zu schöpfen,
zu schöpfen, zu schöpfen,
voll zu schöpfen,
nicht halb,
sondern bis zum Rand...

Gott,
wenn wir alles
getan haben,
was wir tun konnten,
dann laß du das Wunder geschehen,
laß du dann sich wandeln
Trauer in Freude,
Verzweiflung in Hoffnung,
Totes in Lebendiges...

Gott,
laß unser Leben reifen
mit den Jahren,
wie Wein reift,
laß den Wein unseres Lebens
immer besser,
immer kostbarer werden...

DIE GESINNUNG JESU

Gott,
nicht in Macht und Majestät
zeigst du dich.

Unseren Überlegungen und Träumen zum Trotz
bist du machtlos und töricht geworden
in deinem Sohn.

Wir bitten dich,
daß wir in diesem Menschen auf der Erde
dein erstes und dein letztes Wort
verstehen mögen,
deine Kraft und Weisheit,
den Sinn unseres Lebens.

Laßt uns beten –
daß in uns allen die Gesinnung Jesu Christi
wachsen möge;
daß wir einander achten und ertragen,
daß unser Herz lieber verwundbar sei als hart,
daß wir in unscheinbarer Ohnmacht lieber leben
als hochmütig und unzugänglich.

Laßt uns beten
um Demut und Güte.

CHRISTUS

Du, der über uns ist,
du, der einer von uns ist,
du, der du bist – auch in uns;
daß alle dich sehen – auch in mir,
daß ich den Weg bereite für dich,
daß ich danke für alles, was mir widerfuhr.

Daß ich dabei nicht vergesse der anderen Not.
Behalte mich in deiner Liebe,
so wie du willst,
daß andere bleiben in der Meinen.

Möchte sich alles in diesem meinem Wesen
zu deiner Ehre wenden,
und möchte ich nie verzweifeln.

Denn ich bin unter deiner Hand,
und alle Kraft und Güte sind in dir.

Gib mir einen reinen Sinn, daß ich dich erblicke,
einen demütigen Sinn, daß ich dich höre;
einen liebenden Sinn, daß ich dir diene;
einen gläubigen Sinn, daß ich in dir bleibe.

VERBORGEN IM MENSCHEN

Jesus Christus, jeder von uns dürstet
nach der zärtlichen Zuneigung Gottes.

Doch unsere Schwerfälligkeit und
Verletzlichkeit halten uns manchmal fern
von der Quelle der Anbetung,
fern von der staunenden Bewunderung
unseres ganzen Wesens.

Und wir vergessen,
daß du uns als erster liebst.

Du läßt deine zärtliche Zuneigung
in der Fülle des Vertrauens derer entdecken,
die du uns anvertraut hast,
selbst bis in ihre Dunkelheit hinein.

Du, Christus, lebst verborgen im Menschen.

Roger Schutz

HEILIGER GEIST

Du sprichst in aller Stille,
und alle Sprachen verkünden dich.

Aller Worte Wahrheit bist du,
ihre Dauer, der Trost, den sie schenken.

Und jeder, der hören kann,
versteht dich in seiner eigenen Sprache,
in seinem eigenen Leben.

Leg uns Worte in den Mund,
die trösten und aufklären.

Laß uns achten auf Recht und Gerechtigkeit,
seufze in uns nach einer neuen Schöpfung.

Zeig unserem Herzen und Glauben den Weg,
unserer Plage und unserem Denken
gib Fruchtbarkeit,
gib uns das Brot des Friedens.

Du bist der Atem und die Glut,
mit dem das Wort Gottes gesprochen wird,
der Wind, der das Evangelium trägt
überallhin und zu allen.

Dein Werk ist es, das Wunder deiner Eingebung,
wenn es Menschen gibt, die entdecken,
daß Jesus Christus lebt.

Es ist dein Drängen, deine Kraft in uns,
daß wir ihm folgen, daß er unser Weg ist,
daß er uns alle Mühe dieses Lebens wert ist.

Wir bitten dich, festige uns,
daß wir im Glauben bleiben
und ausharren mit ihm,
den wir niemals gesehen haben.

Und daß wir weiter nach ihm tasten,
der unser Gott und unser Bruder ist,
darum bitten wir dich.

Huub Oosterhuis

ICH BEDARF DEINES GEISTES

Herr, ich bedarf deines Geistes,
dieser göttlichen Kraft,
die so viele Menschen gewandelt und befähigt hat
zu außergewöhnlichem Leben und Tun.
Gib mir diesen Geist,
der von dir ausgeht und zu dir zurückführt.

Unerwartet, ohne darauf vorbereitet zu sein,
ohne widerstehen zu können, wurden die
Richter Israels, Samson, Gideon, Saul, einfache
Bauernsöhne, von dir überrascht und vollständig
gewandelt. Sie wurden dadurch zu Taten befähigt
voll Tapferkeit und Kraft, erfuhren sich als neue
Menschen und vermochten die schwierige Sendung
auszuführen, ein Volk zu befreien. [1]

Ich erkenne die Schwierigkeit meiner Sendung
und wünsche, daß du im Innersten meiner Seele
wirkst; du mögest nicht nur herabkommen,
„dein Geist möge auch auf mir ruhen". [2]

Gib mir, was du den Propheten verliehen:
Daß mich, trotz meiner menschlichen Schwachheit,
deine souveräne Kraft zum Sprechen bringe. [3]
Die Worte, die sie verkündeten, stammten nicht
von ihnen, sondern von dir, von deinem Geist,
der sie antrieb.

Spende mir diesen Geist, der alles durchforscht,
alles beseelt, alles lehrt: damit ich die Kraft
habe, das zu tragen, was ich noch nicht zu
tragen vermag; diesen Geist, der die schwachen
Fischer von Galiläa umwandelte zu Säulen deiner
Kirche, zu Aposteln, die ihr Leben hergaben und
so Zeugnis ablegten für ihre Liebe zu den Brüdern.
Diese lebenspendende Sendung des Geistes möge
Neues schaffen: Bekehrte Herzen, ein Gespür
für die Stimme des Vaters, eine selbst-
verständliche Treue zu seinem Wort. [4]

So wirst du uns aufs neue bereit finden,
dir zu dienen.

Pedro Arrupe SJ

[1] Ri 6,34   [2] Is 11,2   [3] Am 3,8; 7,14; Jer 20,7
[4] Is 59,21; Ps 143,10

14

STAUNEN

Mein Gott,
Staunen ist der Beginn
alles Denkens und Fragens.

Staunen kann die vergilbte Verpackung
von alten Vorstellungen und Begriffen reißen.

Staunen ist Zeichen der Demut.

Staunen kann auch der Beginn der Liebe sein,
der Liebe zu dir, dem Schöpfer,
der Liebe zu den Menschen.

Laß mich ab und zu staunen
über dich
und deine Liebe.

Laß mich staunen
über Welt und All.

Laß mich staunen
über Forschung und Technik,
über große Taten.

Dann werde ich nachdenklich:

Warum ist das so?

Was steckt dahinter?

Was bedeutet das
für mich und mein Leben?

Kann man eigentlich leben,
ohne zu staunen?

Paul Roth

GLAUBEN

Ich glaube an Gott, den Vater,
und höre sein Wort.

Er ist der Herr,
ihm gehört der Kosmos,
er lenkt die Geschichte.

Freude an aller Schöpfung,
Ehrfurcht vor dem Leben
und Mut zum Handeln kommt von ihm.

Ich glaube an Jesus Christus
und gehöre zu ihm.

Er hat unser Leben gelebt.
Mit ihm begann eine neue Welt,
die ohne Krieg und Hunger,
ohne Krankheit und Tod sein wird.

Bei ihm endet alle Schuld.

Er wurde gekreuzigt,
Gott aber hat ihn vom Tod erweckt
und darin unsere Freiheit begründet.
Ich glaube an den Heiligen Geist
und werde von ihm geführt.

Er gibt Erkenntnis der Wahrheit
und schärft das Gewissen.

Er schafft eine Kirche
für alle Menschen
bis zur Vollendung der Welt
in Gerechtigkeit.

CREDO

Ich glaube an Gott, den Vater:
die Allmacht der Liebe.
Er ist der Schöpfer des Himmels und der Erde;
dieses ganzen Universums,
mit all seinen Geheimnissen;
dieser Erde, auf der wir leben,
und der Sterne, zu denen wir reisen.
Er kennt uns von Ewigkeit, nie vergißt er,
daß wir aus dem Staub der Erde gemacht sind,
und einmal als Staub zu ihr zurückkehren werden.

Ich glaube an Jesus Christus,
den einziggeliebten Sohn Gottes.
Er hat, aus Liebe zu uns allen,
unsere Geschichte,
unser Dasein mit uns teilen wollen.
Ich glaube, daß Gott auf menschliche Weise
auch Gott für uns sein wollte.
Er hat als Mensch unter uns gewohnt,
ein Licht in der Finsternis.
Aber die Finsternis hat ihn nicht begriffen.
Wir haben ihn ans Kreuz geschlagen.
Und er ist gestorben und begraben worden.
Aber er hat auf Gottes letztes Wort vertraut
und ist auferstanden, ein für allemal,
er sagte, er werde uns einen Platz bereiten
im Haus seines Vaters, in dem er jetzt wohnt.

Ich glaube an den Heiligen Geist,
der Herr ist und Leben schenkt.
Und Propheten unter uns
ist er Sprache, Kraft und Feuer.
Ich glaube, daß wir gemeinsam unterwegs sind,
um Gottes heiliges Volk zu werden,
denn ich bekenne die Befreiung vom Bösen,
den Auftrag zur Gerechtigkeit
und den Mut zur Liebe.

Ich glaube an das ewige Leben,
an die Liebe, die stärker ist als der Tod,
an einen neuen Himmel und eine neue Erde.
Und ich glaube, daß ich hoffen darf
auf ein Leben mit Gott und miteinander
bis in alle Ewigkeit:
Herrlichkeit für Gott und Friede für die Menschen.

HOFFNUNG

Herr, mein Gott,
du, die eine Hoffnung, die ich habe,
erhöre mich,
daß ich nicht müde werde, nach dir zu fragen,
sondern allzeit brennend nach deinem Antlitz suche.

Gib du mir Kraft, nach dir zu fragen,
denn du ließest dich finden
und gabst mir Hoffnung,
dich immer mehr zu finden.

Vor dir ist meine Stärke,
vor dir ist meine Schwachheit.

Jene bewahre,
dieser hilf auf.

Vor dir ist mein Wissen,
vor dir ist mein Unwissen.

Wo du mir auftust,
nimm mich auf, wenn ich eintrete.
Wo du verschlossen hältst,
tu mir auf, wenn ich anklopfe.

Dich will ich im Sinn haben,
dich verstehen,
dich lieben.

Das alles mehre in mir,
bis du mich umgestaltest
zur Vollendung.

Augustinus

LOBT GOTT

Lobt Gott mit euren Festen,
lobt ihn mit euren mächtigen Taten.

Lobt Gott mit der Kraft eurer Hände,
lobt ihn mit der Schärfe eurer Gedanken.

Lobt Gott mit euren Fragen,
lobt ihn mit euren Fehlern.

Lobt Gott mit der Weichheit eurer Lippen,
lobt ihn mit dem Lächeln des Augenblicks.

Lobt Gott mit eurer Offenheit,
lobt ihn mit eurer Gastfreundschaft.

Lobt Gott mit den Worten fremder Völker,
lobt ihn mit Klängen ferner Länder.

Lobt Gott mit euren Gesprächen,
lobt ihn mit eurem Schweigen.

Lobt Gott mit allen Stimmen,
mit eurem Atem, mit euren Körpern.
Alt und Jung lobet den Herrn.

nach Psalm 150

LOBPREISUNG

Wir preisen dich, Gott unser Vater,
für den Reichtum deiner Schöpfung,
für die Einzigartigkeit jeder Person,
für die Schöpferkraft, die unsere Kulturen
erhält und erneuert,
für deine Treue zu deinem Volk.

Wir preisen dich, Jesus unser Herr, dafür,
daß du dich ständig in unsere
Angelegenheiten einmischst,
daß du dich mit den Armen identifizierst,
daß du dich für alle Menschen am Kreuz
geopfert hast,
daß du allen Völkern den wahren Menschen
offenbart hast.

Wir preisen dich, Gott Heiliger Geist, dafür,
daß du Leben einhauchst,
daß du die Qual der Schöpfung übersetzt,
daß du uns beharrlich immer zu Christus hinziehst,
daß du Unruhe unter die Menschen bringst,
daß du die Erfüllung der Geschichte
geduldig vorbereitest.

Wir preisen dich, gesegnete Dreifaltigkeit, dafür,
daß du uns nicht nach unseren Sünden vergiltst,
daß du nicht aufhörst, alles Lebende zu lieben,
daß du nicht aufhörst, zur Buße zu rufen,
daß das Leben auf der Erde nicht aufhört. Amen.

WO WIR ZU ENDE SIND

Du, Herr, bist mein Heil –
wie könnte ich fallen?

Du, Herr, bist meine Hoffnung –
wie könnte ich enttäuscht werden?

Du, Herr, bist meine Stärke –
wie könnte ich Angst haben?

Zwar kenne ich meine Grenze,
und ich weiß um meine Schwächen.

Ich kenne auch der anderen Grenzen,
und ich weiß auch um der anderen Schwächen.

Ich habe es erfahren:

All die Mängel und das Ungenügen;
das faszinierende Leuchten in der Ferne
und den matten Schein in der Nähe.

Alles ist kaum halb so schön,
wie wir es wünschen,
kaum halb so beglückend,
wie wir es erträumen.

Auch wenn alles enttäuscht,
wenn selbst die Liebsten mich fallen ließen,
du, Herr, nähmest mich auf,
du, Herr, wärest da.

Denn immer fängst du an, wo wir zu Ende sind.
Immer stehst du da,
wo wir unsere Grenze erreichen.

So sind wir geborgen in dir,
wenn wir alles Ungenügen und alle Mängel,
alle Schwächen und alle Grenzen
zu dir hin überschreiten.

LASS MIR DEIN GESCHENK

Herr,
du hast uns zugesagt,
du wollest uns deinen Geist senden,
daß wir Liebende werden,
daß wir glauben können und Frieden finden.

Indem ich dir danke, erkenne ich,
daß ich das dankbare Wort nicht aus mir selbst habe,
sondern du es in mich gelegt hast,
in mich undankbaren Menschen.

Indem ich mich dir beuge, erkenne ich,
daß ich mich nicht aus eigener Kraft hingebe,
sondern du selbst dich in mir beugst,
und mein starres Herz es durch dich lernt.

Indem ich vor dir bleibe, erkenne ich,
daß ich nicht durch meine Treue bleibe –
die trägt nicht weit –
sondern daß du mich festhältst.

Indem ich dich allein höre, erkenne ich,
daß es nicht meine Unabhängigkeit ist,
die mich frei macht von den anderen Stimmen,
sondern die Freiheit, die du mir geschenkt hast.

Indem ich mich allein auf dich verlasse,
verstehe ich,
daß du meine Sorge und Angst abgenommen hast
und Frieden und Vertrauen von dir sind.

Ich kann mich freuen. Ich habe keine Erklärung dafür.
Ich weiß nur: Das ist das Zeichen deines Geistes.

Ich halte die Menschen aus und erkenne:
Das ist dein Wunder in mir.

Herr, ich bitte dich:
Gib mich nur nicht wieder mir selber preis.

Laß mir dein Geschenk.
Ich danke dir. Amen.

Jörg Zink

22

ANDERE
RELIGIONEN

Tag für Tag, Herr meines Lebens,
will ich vor dir stehen,
Auge in Auge, mit gefalteten Händen,
Herr aller Welten,
will ich vor dir stehen, Auge in Auge.

Unter dem hohen Himmel in Einsamkeit und
Schweigen, demütigen Herzens,
will ich stehen vor dir, Aug in Auge.

In dieser deiner mühevollen Welt,
die voll Lärm ist, voll Mühsal und Kampf,
unter hastenden Menschenmengen,
will ich stehen vor dir, Aug in Auge.

Und wenn mein Werk getan ist, in dieser Welt,
Du König der Könige, will ich stehen vor dir
allein und wortlos, Aug in Auge.

Gebet eines Hindu

Gott ist groß, Gott ist groß.
Ihm sei Preis in Überfülle, und ihm
sei Ehre am Morgen und in der Nacht.
Ich wende mein Antlitz dem einen zu,
der mich erschaffen hat.

Ich bin einer von denen,
die sich mit ganzem Herzen ihm unterwerfen.
Ehre sei dir, o mein Gott, und Lobpreis.

Gepriesen sei dein Name,
hocherhoben deine Majestät,
machtvoll soll deine Ehre sein.

Es gibt keinen Gott außer dir.

aus dem Islam

Gott, meine Ahnen lagen auf den Knien
vor dir, um zu danken, ich knie abermals.

Was weiß ich mehr als sie?
Sie wußten dich als einen weisen Vater,
der liebend sie erschaffen,
der liebend sie erhielt,
der alles, alles, alles wußte –
Ich weiß dich abermals,
und weiß nicht mehr als sie.

aus dem Jüdischen

HINDUISMUS

Die Bhagavadgita (Gesang des Erhabenen) ist eines der heiligsten Bücher der Hindus und wohl das in Indien am meisten gelesene. Das Buch ist etwa 300 Jahre vor Christi Geburt entstanden.

Mahatma Gandhi sagte einmal: „Die Gita ist mir stets eine Quelle des Trostes gewesen. Wenn ich keinen Lichtstrahl mehr sah, dann schlug ich die Gita auf und fand immer wieder einen Vers, der mich aufrichtete."

Im Gegensatz zu den meisten klassischen Upanischaden (philosophischen Dichtungen) ist der Gott der Bhagavadgita ein personaler Gott, der alle Personen zu einem persönlichen Verhalten mit sich einlädt. Er selbst ergreift die Initiative dadurch, daß er Mensch wird. Der Gott der B. ist ein Gott, der viel Verständnis hat für die Menschen. Er ermuntert sie sogar, Wege der Erlösung zu suchen. Und nur wenn der Mensch die Unmöglichkeit der menschlichen Bemühungen erkennt, dann wird er das einmalige Angebot Gottes erkennen. Um einen Eindruck dieses Gedichtes zu vermitteln, seien einige Verse zitiert.

Wie ein echter Liebender wird der Mensch eingeladen, Gott, den Geliebten überall zu finden!

> Denn das ist das höchste Geheimnis, du bist von mir geliebt und bist mein Freund!

> Zu ihm begib dich in Schutz mit deinem ganzen Sein, o Bharata, dann wirst du durch seine Gnade die höchste Ruhe und die ewige Stätte erlangen.

> Damit ist dir das Wissen, welches geheimer als das Geheime ist, von mir mitgeteilt worden; überdenke es bei dir voll und ganz und tue, was du willst.

> Höre noch weiter von mir das allergeheimste höchste Wort; ich liebe dich gar sehr, darum will ich sagen, was zu deinem Heile dient.

> An mich denke, mir hänge an, mir huldige, mich verehre, und du wirst zu mir gelangen, ich verspreche es dir wahrhaftig, denn du bist mir lieb.

(Bhagavadgita 18, 62–65)

DER ISLAM

Ökumene soll die ganze bewohnte Erde umfassen, es geht nicht nur um eine Begegnung und Einigung der christlichen Konfessionen, es geht um die Einheit der Menschheit, um Offenheit auch für die anderen Religionen.

Das II. Vatikanische Konzil sagt in seiner „Erklärung über das Verhältnis der Kirche zu den nichtchristlichen Religionen" über den Islam:

„Mit Hochachtung betrachtet die Kirche auch die Muslime, die den alleinigen Gott anbeten, den lebendigen und in sich seienden, barmherzigen und allmächtigen, den Schöpfer Himmels und der Erde, der zu den Menschen gesprochen hat. Sie bemühen sich, auch seinen verborgenen Ratschlüssen sich mit ganzer Seele zu unterwerfen, so wie Abraham sich Gott unterworfen hat, auf den der islamische Glaube sich gern beruft. Jesus, den sie allerdings nicht als Gott anerkennen, verehren sie doch als Propheten, und sie ehren seine jungfräuliche Mutter Maria, die sie bisweilen auch in Frömmigkeit anrufen. Überdies erwarten sie den Tag des Gerichts, an dem Gott alle Menschen auferweckt und ihnen vergilt. Deshalb legen sie Wert auf sittliche Lebenshaltung und verehren Gott besonders durch Gebet, Almosen und Fasten.

Da es jedoch im Laufe der Jahrhunderte zu manchen Zwistigkeiten und Feindschaften zwischen Christen und Muslimen kam, ermahnt die Heilige Synode alle, das Vergangene beiseite zu lassen, sich aufrichtig um gegenseitiges Verstehen zu mühen und gemeinsam einzutreten für Schutz und Förderung der sozialen Gerechtigkeit, der sittlichen Güter und nicht zuletzt des Friedens und der Freiheit für alle Menschen."

Das Eröffnungsgebet des Korans lautet:

Im Namen Gottes, der gütig ist und barmherzig,
Er, der Herr der Welt, Ehre sei ihm.
Er, der König am Tag des letzten Gerichtes,
Ihm dienen wir allein und neigen uns vor ihm.
Er führe uns den rechten Weg, den Weg derer,
die nicht in die Irre gehen, und über die
er niemals traurig zu sein braucht.

DAS JUDENTUM

*Die Christen müssen, und sei es nur um ihrer selbst willen,
eine wahre und lebendige Kenntnis der jüdischen Tradition
erwerben.*

a) Eine wirklich christliche Verkündigung muß den aktu-
ellen Wert der gesamten Bibel bekräftigen.

*Der Erste Bund ist die Wurzel und die Quelle des Neuen
Bundes, sein Fundament und seine Verheißung.*

b) Man soll bestrebt sein, die besondere Berufung dieses Volkes als Heiligung des göttlichen Namens darzu-
stellen.

*Es ist dies eine der wesentlichen Dimensionen des synago-
galen Gebetes, durch das das jüdische Volk aufgrund seiner
priesterlichen Mission (Ex 19,6) jede menschliche Hand-
lung Gott darbringt und ihm Ehre erweist.*

c) In den Geboten des Judentums nur unter Zwang ver-
pflichtende Praxis zu sehen, hieße sie unterschätzen.

*Die Riten des Judentums sind Gesten, die die Alltäglichkeit
der Existenz durchbrechen und diejenigen, die sie beobach-
ten, an die Gottesherrschaft erinnern.*

d) Die Zerstreuung des jüdischen Volkes muß im Lichte
seiner eigenen Geschichte verstanden werden.

*Inmitten der Prüfungen ist das jüdische Volk aufgerufen,
den Namen Gottes unter den Nationen zu heiligen.*

e) Es ist heute schwieriger denn je, ein ausgewogenes
theologisches Urteil über die Rückkehrbewegung des
jüdischen Volkes in sein Land zu fällen.

*Durch diese Rückkehr und ihre Auswirkungen wird die Ge-
rechtigkeit einer harten Probe unterworfen. Über die legiti-
me Vielfalt der politischen Stellungnahmen hinweg kann
das Weltgewissen dem jüdischen Volk, das im Laufe seiner
Geschichte so viele Wechselfälle mitgemacht hat, nicht das
Recht auf und die Mittel für eine politische Existenz unter
den Völkern versagen.*

Aus einer Erklärung der Kath. Bischöfe Frankreichs, 1973

DIE PSALMEN

Die Psalmen, die heilige Verfasser im Alten Bund auf Eingebung des Geistes Gottes dichteten, haben die Kraft, Geist und Herz des Menschen zu Gott zu erheben und in ihnen fromme und heilige Gesinnung zu wecken. Im Glück helfen sie danksagen, im Unglück bringen sie Trost und Standhaftigkeit.

Die Psalmen sind Gedichte und Lieder und unterscheiden sich dadurch von Lesungen und Gebeten in ungebundener Rede. Auch wenn ein Psalm nur still gebetet wird, darf man seinen liedhaften Charakter nicht aus dem Auge verlieren. Er will das Herz bewegen, im Singen und Hören, wie beim Spiel auf Psalter und Harfe.

Es gehört zum dichterischen und liedhaften Charakter der Psalmen, daß sie nicht notwendig Gott ansprechen. Psalmen sind auch Gesang vor Gott.

Obwohl diese Lieder vor langer Zeit von Menschen des Orients erstmals gesungen wurden, sprechen sie in zeitloser Form Schmerz und Hoffnung, Elend und Vertrauen der Menschen treffend aus und besingen den Glauben vor allem an Gott, an seine Offenbarung und seine Erlösung.

WÜRDE DES MENSCHEN

Herr, unser Herrscher,
wie gewaltig ist dein Name auf der ganzen Erde;
über den Himmel breitest du deine Hoheit aus.
Aus dem Mund der Kinder und Säuglinge schaffst
du dir Lob,
deinen Gegnern zum Trotz;
deine Feinde und Widersacher müssen
verstummen.
Seh' ich den Himmel, das Werk deiner Finger,
Mond und Sterne, die du befestigt:

Was ist der Mensch, daß du an ihn denkst,
des Menschen Kind, daß du dich seiner annimmst?

Du hast ihn nur wenig geringer gemacht als Gott,
hast ihn mit Herrlichkeit und Ehre gekrönt.
Du hast ihn als Herrscher eingesetzt über das Werk
deiner Hände,
hast ihm alles zu Füßen gelegt:
All die Schafe, Ziegen und Rinder
und auch die wilden Tiere,
die Vögel des Himmels und die Fische im Meer,
alles, was auf den Pfaden der Meere dahinzieht.

Herr, unser Herrscher,
wie gewaltig ist dein Name auf der ganzen Erde!

Psalm 8

DER HERR MEIN HIRTE

Der Herr ist mein Hirte,
nichts wird mir fehlen.

Er läßt mich lagern auf grünen Auen
und führt mich zum Ruheplatz am Wasser.

Er stillt mein Verlangen;
er leitet mich auf rechten Pfaden,
treu seinem Namen.

Muß ich auch wandern in finsterer Schlucht,
ich fürchte kein Unheil;
denn du bist bei mir,
dein Stock und dein Stab geben mir Zuversicht.

Du deckst mir den Tisch
vor den Augen meiner Feinde.

Du salbst mein Haupt mit Öl,
du füllst mir reichlich den Becher.
Lauter Güte und Huld
werden mir folgen mein Leben lang,
und im Haus des Herrn darf ich wohnen
für lange Zeit.

Psalm 23

AUS TIEFER NOT

Aus der Tiefe rufe ich, Herr, zu dir:
Herr, höre meine Stimme!

Wende dein Ohr mir zu,
achte auf mein lautes Flehen!

Würdest du, Herr, unsere Sünden beachten,
Herr, wer könnte bestehen?

Doch bei dir ist Vergebung,
damit man in Ehrfurcht dir dient.

Ich hoffe auf den Herrn, es hofft meine Seele,
ich warte voll Vertrauen auf sein Wort.

Meine Seele wartet auf den Herrn
mehr als die Wächter auf den Morgen.

Mehr als die Wächter auf den Morgen
soll Israel harren auf den Herrn!

Denn beim Herrn ist die Huld,
bei ihm ist Erlösung in Fülle.

Ja, er wird Israel erlösen
von all seinen Sünden.

Psalm 130

31

ZUFLUCHT BEI GOTT

Wer im Schutz des Höchsten wohnt
und ruht im Schatten des Allmächtigen,
der sagt zum Herrn: „Du bist für mich Zuflucht
und Burg, mein Gott, dem ich vertraue."
Er rettet dich aus der Schlinge des Jägers
und aus allem Verderben.

Er beschirmt dich mit seinen Flügeln,
unter seinen Schwingen findest du Zuflucht,
Schild und Schutz ist dir seine Treue.

Du brauchst dich vor dem Schrecken der Nacht
nicht zu fürchten,
noch vor dem Pfeil, der am Tag dahinfliegt,
nicht vor der Pest, die im Finstern schleicht,
vor der Seuche, die wütet am Mittag.

Fallen auch tausend zu deiner Seite,
dir zur Rechten zehnmal tausend,
so wird es doch dich nicht treffen.

Ja, du wirst es sehen mit eigenen Augen,
wirst zuschauen, wie den Frevlern vergolten wird.

Denn der Herr ist deine Zuflucht,
du hast dir den Höchsten als Schutz erwählt.

Dir begegnet kein Unheil,
kein Unglück naht deinem Zelt.

Denn er befiehlt seinen Engeln,
dich zu behüten auf all deinen Wegen.

Sie tragen dich auf ihren Händen,
damit dein Fuß nicht an einen Stein stößt;
du schreitest über Löwen und Nattern,
trittst auf Löwen und Drachen.

„Weil er an mir hängt, will ich ihn retten;
ich will ihn schützen, denn er kennt meinen
Namen.
Wenn er mich anruft, dann will ich ihn erhören.
Ich bin bei ihm in der Not,
befreie ihn und bringe ihn zu Ehren.

Ich sättige ihn mit langem Leben
und lasse ihn schauen mein Heil.

Psalm 91

LEBEN

UNSER WEG

NACHFOLGE

ACHTE AUF MICH

Durchforsche mich, Gott,
sieh mir ins Herz!

Prüfe mich,
ob mein Wollen
vor dir bestehen kann.

Achte auf mich,
daß ich nicht
auf den falschen Weg gerate,
und führe mich
auf dem richtigen Weg.

Psalm 139,23 und 24

GERUFEN

Herr,
du hast uns gerufen.

Die Unruhe, die uns ergreift,
wenn wir dein Wort hören,
beweist es.

Du kennst unsere Schwäche.

Du weißt,
wie leicht wir den Mut verlieren.

Du weißt,
wie ängstlich wir unsere Schritte setzen.

Aber du hast uns gerufen.

Darauf verlassen wir uns.

Wirke in uns,
wenn es dein Wille ist.

Brauche uns
und mache uns brauchbar.

NACHFOLGE

Jesus Christus, du bist der,
der mich bis in das Leben liebt,
das niemals aufhört.

Du öffnest mir den Weg zum Wagnis.

Du gehst mir auf dem Weg der Heiligkeit voraus.

Glücklich ist auf diesem Weg,
wer bis über den Tod hinaus liebt,
denn die letzte Antwort ist das Hingeben
deines Lebens.

Das Nein in mir verwandelst du Tag um Tag in ein Ja.

Du willst von mir nicht nur einige Bruchstücke,
sondern mein ganzes Dasein.

Du bist es, der Tag und Nacht in mir betet,
ohne daß ich wüßte wie.

Mein Stammeln ist ein Gebet.

Dich bei dem einen Namen Jesus zu nennen,
darin erfüllt sich unsere Gemeinschaft.

Du bist es, der jeden Morgen den Ring des
verlorenen Sohnes an meinen Finger heftet,
den Ring des Festes.

Du hast mich unablässig gesucht.

Warum habe ich von neuem gezögert
und noch um Zeit gebeten,
meine eigenen Sachen in Ordnung zu bringen?

Warum habe ich noch zurückgeschaut,
nachdem ich schon die Hand
an den Pflug gelegt hatte?

Dennoch habe ich dich geliebt,
ohne dich gesehen zu haben.

Du hast es mir wiederholt gesagt:
Lebe das, was du vom Evangelium begriffen hast,
wenn es auch ganz wenig ist.

Verkünde mein Leben unter den Menschen.

Entzünde ein Feuer auf der Erde und folge mir.

Roger Schutz

36

DAS EVANGELIUM
VERKÜNDEN

Noch wissen wir, Herr, Gott,
wie Jesus von Nazareth gesprochen hat
über diese Erde,
über dich
und über alles Menschliche.

Etwas von seinen Worten
und von seiner Stimme
ist uns bewahrt geblieben,
genug, daß es uns ahnen läßt,
wer du seist.

Wir bitten dich, laß uns sprechen
aus seinem Geist,
einfach und verständlich.

Wir bitten dich für alle, die bestellt sind,
das Evangelium zu verkünden
und das Gebet zu leiten:
Daß sie dich nicht aufdrängen
und deinen Namen nicht mißbrauchen.

Wir bitten dich für alle,
die hinausgehen,
den Glauben auszusäen.

Schließlich bitten wir dich für uns selbst,
daß wir uns deiner Stille nicht entziehen,
Gott der Ferne und Nähe.

FANGE BEI MIR AN

Herr, erwecke deine Kirche,
und fange bei mir an!

Herr, baue deine Gemeinde,
und fange bei mir an!

Herr, laß Frieden überall auf Erden kommen,
und fange bei mir an!

Herr, bringe deine Liebe und Wahrheit
zu allen Menschen,
und fange bei mir an.

Vater, wir sind jung
und könnten durch unsere Spontanität
viel erreichen.

Was wollen wir aber erreichen?
Gib uns in unserem Leben
einen Moment tiefer, innerer Ruhe,
damit wir unser Ziel erkennen
und unsere Kraft dafür einsetzen können.

DIE KIRCHE AM ORT

Gott, unser Vater,
wir sind deine Kirche hier am Ort,
wir sind dein Volk, unterwegs zu einer neuen Zeit.

Unser Land hat seine Geschichte,
eine lange Vergangenheit mit Licht und Dunkel.

Doch immer warst du unser Gott.

Jetzt bitten wir um deinen heiligen Geist.

Wir wollen unser Leben erneuern.

Wir wollen unsere Kirche stärken
durch Gebet, Arbeit und Gespräch.

Wir werden es nicht schaffen aus eigener Kraft.

Du mußt uns helfen.
Erneuere deine Kirche.

Laß sie deinem Wort nachfolgen,
laß sie Jesus Christus nachfolgen.

Vater, wir bitten dich in seinem Namen: Hilf,
uns selbst richtig einzuschätzen und zu erkennen.

Laß uns zusammenwachsen zu einer Familie,
damit wir uns gemeinsam auf das Kommen
deines Reiches vorbereiten,
wo du lebst und unser Gott bist.

EINANDER ANNEHMEN

Gott, du bist erhaben
über das Alte und Neue.

Du bist der Vater unserer Geschichte,
unserer Vergangenheit,
Gegenwart und Zukunft.

Gib, daß wir uns nicht verketzern
wegen alter und neuer Ansichten.

Lehre uns,
einander zu verstehen und anzunehmen,
wie Christus uns angenommen hat.

Gott, wir gehören zusammen.

Wir bilden eine Gemeinschaft,
wir sollen füreinander dasein.

Gemeinschaft aber kann nur gelingen,
wenn wir gut zueinander sind,
wenn wir ein Herz füreinander haben,
wenn wir mit den Schwächen und Fehlern
des anderen barmherzig sind.

Gott, laß uns barmherzig miteinander umgehen.

Gib uns deine Barmherzigkeit.
Wir alle sind auf sie angewiesen.

UNRUHE

Herr, meine Unruhe macht mich krank.
Sie zerfrißt die Stunden und höhlt mich aus.

Sie zerreißt den schönen Fluß des Tages.
Sie beherrscht meine Arbeit, meine Muße.

Sie zersplittert mein Freuen und mein Lieben.

Sie stößt mich in Ängste
und macht mich ungerecht.

Sie gefährdet Freude und Frieden
der Menschen, die um mich sind.

Herr, ich bin machtlos.
Mein Wollen und Wissen helfen mir nicht.
Herr, hilf du mir.

Gott, in mir
spüre ich deine Gegenwart
als Unruhe,
die mich weitertreibt, zumeist.

Als Frage,
die mich nicht schlafen läßt.

Als kleines Glück manchmal.

Als Freude und Friede
am Abend beim Kerzenschein.

Vielleicht hast du zu tun
mit der Freundschaft zweier Menschen.

Mit dem kleinen Mut
für den neuen Schritt in den Tag.

Mit einem Lächeln,
das mich meint.

Gott, ich bitte nur dies:
Bleib in mir als Unruhe,
die schöpferisch macht.

Und als Kraft,
die meine Schwachheit trägt.

Und als Ziel vor meinem Weg.

GEFÄHRDET

Allmächtiger und barmherziger Gott,
du weißt, wie sehr wir gefährdet sind,
und daß wir als schwache Menschen
nicht standhalten können.

So mache uns gesund an Leib und Seele,
und was wir für unsere Sünden leiden,
laß uns mit deiner Hilfe besiegen.

Gott,
gebe mir
die Gelassenheit,
Dinge hinzunehmen,
die ich nicht ändern kann,

den Mut,
Dinge zu ändern,
die ich ändern kann,

und die Weisheit,
das eine vom anderen
zu unterscheiden.

SOLIDARITÄT

Herr, mach uns bereit,
unseren Mitmenschen zu helfen,
die in Armut und Hunger
leben und sterben.

Gib ihnen durch unsere Hände
heute ihr tägliches Brot,
gib ihnen
durch unsere Liebe
Frieden und Freude.

Herr, Jesus Christus,
hab Erbarmen mit allen, die leiden müssen:
mit den Verlassenen und Einsamen,
mit den Kranken und Heimatlosen,
mit den Gefangenen und Verzweifelten.

Zeig uns, wie wir uns um sie kümmern müssen.

Gib uns offene Augen und mach uns bereit
zum Helfen, Heilen und Trösten.

IM SUPERMARKT

Wenn ich im Supermarkt;
aus der aufgestapelten Fülle der Waren
fast mechanisch wähle,
was ich heute abend oder morgen essen will,
dann laß mich denken, Herr,
an die Millionen Hände,
die in leere Fächer greifen
und sich in ausgedörrte Erde krallen.

Herr, nimm du mir weg
jedes Schlafmittel für mein Gewissen.

Mache mich wach für die Frage:
was tue ich mit deinen anvertrauten Gaben
gegen Hunger, die Krankheit, die Not
in unserer Welt.

GESCHWISTER

Alle,
die dich Vater nennen,
sind Brüder –
der Arbeiter vom Bosporus,
der Student aus Ghana,
der Praktikant aus Pakistan –
meine Brüder.

Meine Schwestern
sind die Mütter von Sizilien
und die Frauen aus Andalusien.

Aber ich?
Stehe ich zu ihnen
wie zu Bruder und Schwester?

Bin ich bereit,
ihnen auf gleicher Ebene zu begegnen?

Was *wir* tun,
wie *wir* sind,
erscheint uns so viel vollkommener
als alles,
was wir an ihnen sehen.

Wenn ich ehrlich bin,
muß ich mich schämen. –

Mein Stolz ist groß.

Gib mir neue Augen,
Vater,
und ein neues Herz,
daß ich in jedem Menschen
dich erkenne.

Amen.

MICH WIEDERFINDEN

Herr, lehre mich schweigen.
In mir ist so viel Lärm.
Meine Gedanken sind verwirrt
von der Unruhe des Tages.

Bilder bedrängen mich,
Nachrichten,
Meinungen,
Auseinandersetzungen,
Erlebnisse und
Wünsche.

Sie fordern mich,
sie ergreifen mich,
sie zerstreuen meine Kräfte.

Herr, lehre mich Abstand gewinnen
von mir selbst
und von Dingen,
die mir wichtig scheinen.

Herr, gib mir Kraft zur Konzentration.

Ich schließe meine Augen.
Ich atme die Stille in mich hinein.
Ich gehe weit von mir weg.
In Deinem Schweigen finde ich mich wieder.
Dort bin ich Dein.

FÜR
JEDEN
TAG

AM MORGEN – AM ABEND

In der Morgenfrühe preisen wir Dich,
allmächtiger Gott, unser Vater.

Wir danken Dir für Deinen Sohn,
Jesus Christus,
der uns und unserer Welt
Licht und Wärme schenkt.

Er zeigt, wie Du die Erde liebst
und wie wir sie lieben können.

Er zeigt, wie Du da bist für uns
und wie wir füreinander dasein können.

Er teilt das Dunkel unseres Lebens
damit wir es miteinander teilen können.

Er lebt uns Deinen Willen vor,
damit auch wir ihn leben können.

Er geht uns den Weg zu Dir voran,
damit auch wir ihn gehen können.

In der Morgenfrühe danken wir Dir,
allmächtiger Gott, unser Vater
für Jesus Christus unseren Bruder.

Ich danke Dir,
mein himmlischer Vater,
durch Jesus Christus,
Deinen lieben Sohn,
daß Du mich diesen Tag gnädiglich behütet hast,
und bitte Dich,
Du wollest mir vergeben
alle meine Sünden,
wo ich unrecht getan habe,
und mich diese Nacht auch gnädiglich behüten.

Denn ich befehle mich,
meinen Leib und Seele
und alles in Deine Hände;
Dein heiliger Engel sei mit mir,
daß der böse Feind keine Macht an mir finde.
Amen.

Martin Luther

48

SEGNE DIESEN TAG

Gott,
du hast uns Menschen die Erde anvertraut,
sie zu hüten und zu bebauen.

Du läßt deine Sonne über uns aufgehen,
damit sie uns leuchte.

Laß unser Tageswerk gelingen zu deiner Ehre
und zum Wohl unseres Nächsten,
darum bitten wir
durch Christus, unseren Herrn.

Herr, ich möchte mich wandeln.

Aber ich kann mich an einem Tag
nicht ganz und gar wandeln.

Hilf mir, daß ich heute wenigstens
einen kleinen Schritt auf dich zu mache.

Herr, ich möchte gut sein.

Aber wir können nicht über Nacht
ganz gut zueinander werden.

Hilf mir, daß ich heute etwas Gutes tue.

Herr, ich möchte froh sein.

Aber ich kann nicht mit bloßem guten Willen
allen Streit und Ärger vertreiben.

Schenke mir heute ein wenig von deiner Freude.
Herr, ich möchte dich lieben.

Aber das kann ich nicht
von heute auf morgen erreichen.

Hilf mir, daß mein Herz
sich dir ein wenig mehr öffnet.

Herr, segne diesen Tag.

VOR DEM ESSEN

Aller Augen warten auf dich, o Herr.
Du gibst ihnen Speise zur rechten Zeit,
du öffnest deine Hand und erfüllest alles,
was da lebt, mit Segen.

Segne uns und diese deine Gaben,
die wir durch deine Güte nun empfangen
durch Christus unsern Herrn.

Segne, o Gott, dieses Mahl,
das wir aus den Gaben
Deiner Schöpfung bereitet haben,
auf daß uns Kraft und Fröhlichkeit
daraus erwachse.

Segne unsere Tischgemeinschaft,
damit aller Unfriede fernbleibe von denen,
die Du in Liebe zusammen wohnen läßt.

Schenke uns Maß und Enthaltsamkeit,
und denke derer, die Hunger und Durst leiden.

Laß uns den Herrn loben, den Geber aller Gaben.

Du Gott, gibst täglich Brot
auch ohne unsre Bitte,
aber wir bitten, daß du uns dies erkennen läßt,
und wir mit Dankbarkeit empfangen
unser tägliches Brot.

NACH DEM ESSEN

Herr und Vater,
wir danken dir für dieses Mahl.
Du hast uns heute neu gestärkt.

Hilf uns in deiner Kraft,
dir und unseren Mitmenschen zu dienen.

Wir danken Dir, himmlischer Vater,
für dieses Mahl und alle Gaben,
die wir von Deiner Güte empfangen haben.

Der Du uns mit irdischen Gütern segnest,
mache uns hungrig nach den ewigen.

Gott, dein Sohn ist zu uns gekommen,
nicht um sich bedienen zu lassen,
sondern um zu dienen.

Gib, daß wir von ihm lernen,
wie wir leben sollen.

GEBETE MIT KINDERN

AM MORGEN

Großer Gott, ich danke dir für diese Nacht.
Wir haben ohne Sorgen geschlafen
und sind fröhlich miteinander aufgewacht.
Behüte uns an diesem Tag. Bleibe bei uns.

WÄHREND DES TAGES

Lieber Vater im Himmel,
ich habe Vater und Mutter.
Wir haben eine Wohnung,
einen Tisch und ein Bett.
Wir danken dir.
Wir haben gegessen und getrunken.
Wir danken dir.
Wir können laufen und springen.
Wir danken dir.
Wir können sehen und hören.
Wir danken dir.
Wir können spielen und lustig sein.
Wir danken dir.
Wir sind gesund und lebendig.
Wir danken dir.
Segne uns. Amen.

AM ABEND

Großer guter Gott.
Vielen Dank für diesen Tag.
Wir haben gespielt, wir haben gelacht.
Wir haben geweint, wir haben gezankt,
wir haben uns liebgehabt.
Wenn wir uns liebhaben, verzeihst du uns.
Segne uns alle und gib uns eine gute Nacht.

BESINNUNG AM ABEND

Vater,
wieder liegt ein Tag hinter mir.

Laß mich ruhig werden,
damit ich Dich hören kann.

Nichts, was heute geschah, ist selbstverständlich.

Laß mir bewußt werden,
wo du mich beschenkt hast.

Ich danke Dir, Vater!

Laß mich erkennen,
wo ich Dir ausgewichen bin,
zu bequem,
mich mit Deiner Forderung auseinanderzusetzen,
wo ich einen anderen enttäuscht
oder verärgert habe.

Vergib mir, Vater!

Laß mich erkennen,
was ich tun soll.

Gib mir Mut und Kraft,
Deinen Weg zu gehen.

Ich bitte Dich für alle,
die mir heute begegnet sind.

Laß uns zusammen Dein Reich suchen.

Bleibe bei mir, Vater!

Wache Du, Herr, mit denen,
die wachen oder weinen in dieser Nacht.
Hüte Deine Kranken.

Laß Deine Müden ruhen.

Segne Deine Sterbenden.

Tröste Deine Leidenden.

Erbarme Dich Deiner Betrübten
und sei mit Deinen Fröhlichen.

Augustinus

AM ABEND

Bleibe bei uns, Herr,
denn es will Abend werden,
und der Tag hat sich geneigt.

Bleibe bei uns
und bei Deiner Kirche.

Bleibe bei uns
am Abend des Tages,
am Abend unseres Lebens,
am Abend der Welt.

Bleibe bei uns
mit Deiner Gnade und Güte,
mit Deinem Wort und Sakrament,
mit Deinem Trost und Segen.

Bleibe bei uns
wenn über uns kommt
die Nacht der Trübsal und Angst,
die Nacht des Zweifels und der Anfechtung,
die Nacht der Armut und Not,
die Nacht der Einsamkeit und Verlassenheit,
die Nacht der Krankheit und Schmerzen,
die Nacht des bitteren Todes.

Bleibe bei uns
und unseren Lieben
bei unsern Brüdern und Schwestern,
den kleinen und den großen,
den nahen und den fernen,
den gesunden und den kranken,
den frohen und den trauernden,
bei allen, die zerschlagenen Herzens sind.

Bleibe bei uns
und bei allen Glaubenden
in Zeit und Ewigkeit. Amen.

BEWUSSTSEINS-BILDUNG

GEWISSENS-BILDUNG

ENTFALTUNG DES GEWISSENS

Das Erwachen und Werden des *kindlichen Gewissens* ist anzusetzen im frühesten Erleben der kindlichen Urgeborgenheit. Einzelnes, allereinfachstes, nicht bewußtes Tun wird – vor allem durch die Reaktion der Umwelt – als Geborgenheit fördernd oder mindernd erlebt. Diese Erfahrung der Geborgenheit wird gewissermaßen eine Außensteuerung des Tuns – aus dem undifferenzierten Erleben des eigenen Betroffenseins von seiten der Umwelt. In einer weiteren Entwicklungsstufe erlebt das Kind die eigenen Bedürfnisse und Wünsche im Zusammentreffen mit den Ansprüchen der Umwelt – ebenfalls in unmittelbarer Erfahrung des Betroffenseins. Das Kind spürt die Notwendigkeit, seine Lebensäußerungen mit Bedürfnissen und Ansprüchen der Bezugspersonen auszugleichen. Unausgeglichenheit erfährt es als Beeinträchtigung des eigenen Ich bzw. der Person des anderen. So geschieht allmählich eine – dem unbewußten Erleben gemäße – Spezifizierung auf unmittelbaren Personenbezug und damit in Richtung auf Sittlichkeit. Wir können etwa vom vierten Lebensjahr an die Entwicklung eines passiv beeindruckten und genormten Gewissens ansetzen. Zugleich lernt das Kind zwischen weisungsbefugten und -unbefugten Personen unterscheiden; es bildet sich eine Autoritätsstruktur im Gewissen. Insgesamt erlebt das Kind in dieser Periode Reaktionen und Weisungen in Zusammenhängen; es beginnt, einzelne umfassende Kriterien und ihre Berücksichtigung zu unterscheiden und sich anzueignen. – In diesen Formen entwickelt sich die Übernahme sittlicher Normen, was als Weg zum Über-Ich bezeichnet werden kann.

Etwa in der *Pubertät* überprüft der junge Mensch die bisher angeeigneten, anfordernden Normen in eigener kritischer Überlegung. Dabei kommt gelegentlich rationalistische Härte in Kritik und im Vertreten einseitiger Wertideale zutage: Folge des Fehlens einer umfassend erlebten Wert- und Wirklichkeitserfahrung. Überwindet der reifende Mensch solche Begrenzungen, kann sich ein Gewissensstand aus eigener innerer Aneignung, aus Lebenserfahrung und Werteinsicht bilden. Ziel der Gewissensreifung ist die nach Autonomie (Selbständigkeit), Intensität (Tiefe), Unmittelbarkeit und Stärke des Erlebens sowie nach Umfang des verfügbaren Wissens voll entfaltete Funktion. Es gilt, in steter, kritischer Prüfung und fortdauernder Gewissensbildung das wache, genau empfindende Gewissen anzustreben. Dieses reagiert auf jede begegnende sittliche Bedeutung schnell und in zuverlässiger Abwägung aller einschlägigen Gegebenheiten und vermag so möglichste Klarheit für die Gewissensentscheidung bereitzustellen.

Aus diesem Überblick über den Entwicklungsgang im einzelnen Menschen wird ersichtlich, inwiefern das Gewissen eine spezifische Anlage, eine der wesentlichen Anlagen des Menschen ist. Diese Entwicklung setzt an im mitmenschlichen Bezug, also in der Mitte des sich entfaltenden Personseins. Bereits in den unbewußten Frühformen wird das Gelingen oder mögliche Mißlingen von Selbstäußerung und Selbstbetätigung zentral erlebt, eine – wenn auch passive – Lebensorientierung aus der Mitte der Person. So liegt das Gewissen vom Wesen her in der Entfaltung der Person als eine zentrale Anlage. Formal können wir sie etwa mit der Anlage der menschlichen *Sprache* vergleichen, die von Beginn an sich zunächst in Vorformen entfaltet, im Umgang mit Bezugspersonen in frühkindlicher Zeit, in Kindheit und Jugend zu selbständiger Ausdruckskraft sich entwickelt.

Das Gewissen wird nicht dadurch voll entfaltet, daß man einfaches Kennen von Normen in sich ansammelt und diese unbedacht als Maßstäbe übernimmt. Bis in die Zeit der vollen Reife soll vielmehr – durch persönliche Auseinandersetzung – die eigene Werterfahrung wachsen, der Sinn für die Wertgemäßheit des eigenen Handelns sich schärfen, die Wachheit für die Maßstäbe eines Entschlusses zunehmen. Die in der Umwelt mehr satzhaft geltenden Normen werden von einem solchen Gewissen nicht gesetzhaft-formelhaft, sondern nach ihrem inneren Wert- und Weisungsgehalt aufgenommen und situationsgemäß angewendet.

Die Grundfunktion der Gewissensreifung: Gewinnung sittlicher Freiheit, die von echter Wertüberzeugung getragen ist.

Diese Entfaltung des Gewissens bleibt eine lebenslang gestellte Aufgabe.

Menschliche Autorität kann die hohe Funktionstüchtigkeit des Gewissens entfalten helfen.

Dem christlichen Gewissen steht die große sittliche Erfahrung der kirchlichen Glaubensgemeinschaft zur Verfügung. Sie wird ihm in den verschiedensten Formen dargeboten. Gerade vom Leben und der Weisheit exemplarischer Gestalten, der Heiligen, gehen Strahlkraft und Orientierung aus.

R. Hofmann

DIE ZEHN GEBOTE

ICH BIN DER HERR, DEIN GOTT.

1. Du sollst keine anderen Götter neben mir haben!

Das ist für den Christen die Forderung, den Glauben an den einen Gott, der Vater, Sohn und Geist ist, zu bekennen. Ihn sollen wir über alles lieben und anbeten, denn er hat uns zuerst geliebt, hat uns erlöst und geheiligt. Auf ihn sollen wir unsere Hoffnung setzen, denn er ist Ursprung und Ziel unseres Lebens.

2. Du sollst den Namen Gottes nicht verunehren!

Das ist eine Forderung der Ehrfurcht vor dem unergründlichen Geheimnis Gottes. Wir können nicht groß genug von seiner Macht und Herrlichkeit denken. Das muß unser Reden von Gott, unseren Umgang mit ihm und mit allem bestimmen, was zu Gott gehört.

3. Gedenke, daß du den Sabbat heiligst!

Das ist für den Christen die Forderung, an der schöpferischen Ruhe Gottes teilzunehmen und im Gottesdienst dem Herrn für die Gaben der Schöpfung und die Gnade des Erlösungswerkes zu danken, wie es die Kirche vor allem in der sonntäglichen Feier der Eucharistie tut.

4. Du sollst Vater und Mutter ehren!

Das ist die Forderung in der Familie, in Staat und Gesellschaft, in der Kirche jedem Glied der Gemeinschaft mit Achtung zu begegnen und zu ihm zu stehen. Diese Forderung schließt die Pflicht ein, vor allem jenen bei der Erfüllung ihrer Aufgaben zu helfen, die besondere Verantwortung tragen.

5. Du sollst nicht töten!

Das ist die Forderung, das eigene und fremde Leben zu achten. Geistiges und leibliches Leben sind Gaben, die uns Gott zur Pflege und Entfaltung anvertraut. Das schließt den Auftrag ein, für gesunde Lebensbedingungen zu sorgen und ein Klima der gegenseitigen Fürsorge zu schaffen, in dem jeder nicht nur sein Recht erhält, sondern auch jene Liebe und Anerkennung erfährt, ohne die er verkümmern müßte.

6. Du sollst nicht ehebrechen!
9. Du sollst nicht begehren deines Nächsten Frau!

Das ist die Forderung, die Gabe der eigenen Geschlecht-
lichkeit und die geschlechtliche Liebe von Eigensucht
freizuhalten und so die eheliche Liebe zu entfalten und
vor Zerstörung zu bewahren. Vernünftige Schamhaftig-
keit und zuchtvolle Keuschheit schützen den einzelnen
vor Selbstsucht und ungeordnetem Begehren. Eine ver-
antwortungsbewußte Haltung gegenüber der Ge-
schlechtlichkeit schafft die Voraussetzung für eine men-
schenwürdige Begegnung der Geschlechter.

7. Du sollst nicht stehlen!
10. Du sollst nicht begehren deines Nächsten
   Hab und Gut!

Das ist die Forderung, das Eigentum des Nächsten zu re-
spektieren und verantwortlich mit eigenem und frem-
dem Gut umzugehen. Denn geordnete und sichere Be-
sitzverhältnisse sind die Grundlage der Entfaltung
geistiger und kultureller Werte im Leben des einzelnen
und der Gemeinschaft. Das verpflichtet zu gewissenhaf-
ter Arbeit und verantwortungsbewußter Nutzung der
Sachgüter, die Gottes Schöpfung für den Menschen be-
reithält.

8. Du sollst kein falsches Zeugnis geben
   wider deinen Nächsten!

Das ist die Forderung nach Wahrheit und Wahrhaftigkeit im Reden und Handeln. Kein Mensch kann sich entfalten und keine Gemeinschaft Bestand haben, wenn
falscher Schein, Täuschung und Lüge, Verleumdung,
Treulosigkeit und Unzuverlässigkeit das Vertrauen und
die Sicherheit untergraben und zerstören. Wir leben von
der Treue und Wahrhaftigkeit Gottes. Wir können mit
uns selber und mit den anderen nur dann im Frieden leben, wenn wir unser Leben nicht auf Heuchelei und Lüge, sondern auf Wahrhaftigkeit und Wahrheit aufbauen.

FRAGEN AN UNS HEUTE

1. Für eine lebendige Einheit der Christen

Wir sind die Kirche des Landes der Reformation. Die Kirchengeschichte unseres Landes ist geprägt von der Geschichte der großen Glaubensspaltung in der abendländischen Christenheit. Darum wissen wir uns jener gesamtkirchlichen wahrhaft „katholischen" Aufgabe, nämlich dem Ringen um eine neue lebendige Einheit des Christentums in der Wahrheit und in der Liebe, in vorzüglicher Weise verpflichtet. Die Impulse des jüngsten Konzils in diese Richtung verstehen wir deshalb auch als besondere Wege und Weisungen für unsere Kirche in der Bundesrepublik Deutschland. Wir wollen das offensichtlich neu erwachte Verlangen nach Einheit nicht austrocknen lassen. Wir wollen den Skandal der zerrissenen Christenheit, der sich angesichts einer immer rascher zusammenwachsenden Welt tagtäglich verschärft, nicht bagatellisieren oder vertuschen. Und wir wollen die konkreten Möglichkeiten und Ansatzpunkte für eine verantwortliche Verwirklichung der Einheit nicht übersehen oder unterschätzen. Diese Einheit entspringt der einheitsstiftenden Tat Gottes, aber doch durch unser Tun in seinem Geist, durch die lebendige Erneuerung unseres kirchlichen Lebens in der Nachfolge des Herrn.

Die Redlichkeit und Lebendigkeit unseres Willens zur Einheit soll sich nicht zuletzt verwirklichen und bezeugen in der besonderen geistlichen Verbundenheit und praktischen Solidarität mit allen Christen in der Welt, die um des Namens Jesu willen Verfolgung leiden.

2. Für ein neues Verhältnis zur Glaubensgeschichte des jüdischen Volkes

Wir sind das Land, dessen jüngste politische Geschichte von dem Versuch verfinstert ist, das jüdische Volk systematisch auszurotten. Und wir waren in dieser Zeit des Nationalsozialismus, trotz beispielhaften Verhaltens einzelner Personen und Gruppen, aufs Ganze gesehen, doch eine kirchliche Gemeinschaft, die zu sehr mit dem Rücken zum Schicksal dieses verfolgten jüdischen Volkes weiterlebte, deren Blick sich zu stark von der Bedrohung ihrer eigenen Institutionen fixieren ließ und die zu den an Juden und Judentum verübten Verbrechen geschwiegen hat. Viele sind dabei aus nackter Lebensangst schuldig geworden.

Daß Christen sogar bei dieser Verfolgung mitgewirkt haben, bedrückt uns besonders schwer. Die praktische Redlichkeit unseres Erneuerungswillens hängt auch an dem Eingeständnis dieser Schuld und an der Bereitschaft, aus dieser Schuldgeschichte unseres Landes und auch unserer Kirche schmerzlich zu lernen: Indem gerade unsere deutsche Kirche wach sein muß gegenüber allen Tendenzen, Menschenrechte abzubauen und politische Macht zu mißbrauchen, und indem sie allen, die heute aus rassistischen oder anderen ideologischen Motiven verfolgt werden, ihre besondere Hilfsbereitschaft schenkt, vor allem aber, indem sie besondere Verpflichtungen für das so belastete Verhältnis der Gesamtkirche zum jüdischen Volk und seiner Religion übernimmt.

3. Für die Tischgemeinschaft mit den armen Kirchen

Wir sind offensichtlich die Kirche eines vergleichsweise reichen und wirtschaftlich mächtigen Landes. Deshalb wollen und müssen wir uns zu einer besonderen gesamtkirchlichen Verpflichtung und Sendung im Blick auf die Kirchen der Dritten Welt bekennen. Auch diese Verpflichtung hat zutiefst theologische und kirchliche Wurzeln, und sie entspringt nicht nur dem Diktat eines sozialen oder politischen Programms. Schließlich schulden wir der Welt und uns selbst das lebendige Bild des neuen Gottesvolkes, zusammengeführt in der großen Tischgemeinschaft des Herrn. Daher geht es nicht nur darum, aus dem Überfluß etwas abzugeben, sondern auf berechtigte eigene Wünsche und Vorhaben zu verzichten.

Wir dürfen im Dienste an der einen Kirche nicht zulassen, daß das kirchliche Leben in der westlichen Welt immer mehr den Anschein einer Religion des Wohlstandes und der Sattheit erweckt, und daß es in anderen Teilen der Welt wie eine Volksreligion der Unglücklichen wirkt, deren Brotlosigkeit sie buchstäblich von unserer eucharistischen Tischgemeinschaft ausschließt.

Hier müssen gerade wir in unserem Land handeln und helfen und teilen – aus dem Bewußtsein heraus, ein gemeinsames Volk Gottes zu sein, das zum Subjekt einer neuen verheißungsvollen Geschichte berufen wurde, und teilzuhaben an der einen Tischgemeinschaft des Herrn als dem großen Sakrament dieser neuen Geschichte. Die Kosten, die uns dafür abverlangt werden, sind nicht ein nachträgliches Almosen, sie sind eigentlich die Unkosten unserer Katholizität, die Kosten unseres Volk-Gottes-Seins, der Preis unserer Orthodoxie.

4. Für eine lebenswürdige Zukunft der Menschheit

Wir sind die Kirche eines industriell und technologisch hochentwickelten Landes. Mit zunehmender Deutlichkeit erfahren wir heute, daß diese Entwicklung nicht unbegrenzt ist, ja, daß die Grenzen der wirtschaftlichen Expansion, die Grenzen des Rohstoff- und Energieverbrauchs, die Grenzen des Lebensraums, die Grenzen der Umwelt- und Naturausbeutung eine wirtschaftliche Entwicklung aller Länder auf jenes Wohlstandsniveau das wir gegenwärtig haben und genießen, nicht zulassen Angesichts dieser Situation wird von uns – im Interesse eines lebenswürdigen Überlebens der Menschheit - eine einschneidende Veränderung unserer Lebensmuster, eine drastische Wandlung unserer wirtschaftlichen und sozialen Lebensprioritäten verlangt, und dies alles voraussichtlich noch innerhalb eines so kurzen Zeitraums, daß ein langsamer, konfliktfreier Lern- und Anpassungsvorgang kaum zu erwarten ist. Es werden uns neue Orientierungen unserer Interessen und Leistungsziele, aber auch neue Formen der Selbstbescheidung gewissermaßen der kollektiven Aszese abverlangt. Wer den wir die in dieser Situation enthaltene Zumutung aggressionsfrei verarbeiten können?

Die Kirche muß die im Christentum schlummernder moralischen Kräfte gerade auf jene großen Aufgaber richten, die sich aus dieser neuen gesellschaftlichen Situation ergeben; sie muß diese Kräfte mobilisieren, im Interesse lebenswerteren Lebens, für die wirtschaftlich und sozial benachteiligten Völker und gegen einen rücksichtslosen Wirtschaftskolonialismus der stärkeren Gesellschaften, im Interesse der Bewohnbarkeit der Erde für die Kommenden und gegen eine egoistische Beraubung der Zukunft durch die gegenwärtig Lebenden. Vo diesen weltweiten Problemen dürfen besonders wir Christen in der Bundesrepublik nicht die Augen verschließen, wenn wir die Maßstäbe unserer Hoffnung nicht zurückschrauben oder verbiegen wollen.

Sie freilich gebieten uns auch ein hoffnungsvolles Ja zu jedem menschlichen Leben in einer Zeit, in der unter schwellig die Angst regiert, überhaupt Leben zu wecken Ist doch in jedem Kind die Hoffnung auf Zukunft leben dig verkörpert! Jedes von Gott als Geschenk angenommene Kind trägt in sich einen neuen Hoffnungsschimmer für Volk und Kirche.

Die Maßstäbe unserer Hoffnung fordern auch das Eintreten für den öffentlichen Schutz jeglichen menschlichen Lebens angesichts einer Entwicklung, in der die
Möglichkeiten und die Gefahren zunehmen, daß die
letzte faßliche Identität unseres Menschseins, nämlich
das biologische Leben selbst, immer mehr in die Reich-
weite unserer Manipulationen gerät und schließlich
zum Geschöpf unserer eigenen Hände herabsinkt. Die
Bedrohung des menschenwürdigen Lebens reicht heute
in neuer Weise auch bis an unsere Sterbesituation heran.
Viele sterben zwar inmitten einer perfekten medizini-
schen Versorgungswelt, sind jedoch in ihren letzten
Stunden ohne alle menschliche Nähe. Aus dieser Situation ergibt sich gerade für uns Christen eine besonders
dringliche Aufgabe: Niemand sollte vereinsamt sterben.

Alle unsere Initiativen messen sich letztlich am Maße
der „einen Hoffnung, zu der wir berufen sind" (vgl. Eph
4,4). Diese Hoffnung kommt nicht aus dem Ungewissen
und treibt nicht ins Ungefähre. Sie wurzelt in Christus,
und sie klagt auch bei uns Christen des späten 20. Jahr-
hunderts die Erwartung seiner Wiederkunft ein. Sie
macht uns immer neu zu Menschen, die inmitten ihrer
geschichtlichen Erfahrungen und Kämpfe ihr Haupt erheben und dem messianischen „Tag des Herrn" entge-
genblicken:

„Dann sah ich einen neuen Himmel und eine neue
Erde ..."

Offb 21,1

Aus dem Dokument „Unsere Hoffnung"–Ein Bekenntnis zum Glauben
in dieser Zeit – Synode der deutschen Bistümer. Würzburg 1971–75

DIE SELIGPREISUNGEN

Wohl denen, die vor Gott arm sind;
denn ihnen gehört das Himmelreich.

Wohl denen, die trauern;
denn sie werden getröstet werden.

Wohl denen, die keine Gewalt anwenden;
denn sie werden das Land erben.

Wohl denen, die hungern und dürsten
nach der Gerechtigkeit;
denn sie werden satt werden.

Wohl denen, die barmherzig sind;
denn sie werden Erbarmen finden.

Wohl denen, die ein reines Herz haben;
denn sie werden Gott sehen.

Wohl denen, die Frieden stiften;
denn sie werden Söhne Gottes genannt werden.

Wohl denen, die um der Gerechtigkeit willen
verfolgt werden;
denn ihnen gehört das Himmelreich.

Mt 5, 3–10

JUGENDLICHE brauchen Zukunft

Anerkennung
Aufrichtigkeit
Toleranz
Ausbildung/Arbeit
Orientierung
Neue Lebenswerte

FÜRBITTE

FÜR JEDEN TAG

Lasset uns beten zu Gott,
dem Herrn des Lebens.

Für die Großen dieser Welt,
von deren Tun und Lassen uns Rundfunk,
Fernsehen und Zeitung täglich berichten:

daß sie bei allem das Wohl der Menschen
im Auge haben und so ein Klima schaffen,
in dem jeder sich wohl fühlt.

Für die Älteren unter uns:

daß sie die Frucht ihrer Arbeit
und ihres Lebens sehen mögen,
aber auch den Weg und die Aufgaben,
die noch vor einem jeden von uns liegen.

Für die Jüngeren in unserer Gemeinschaft:

daß sie Vertrauen zur Zukunft haben
und selbst mitarbeiten
und daß sie glücklich werden
bei ihrem Einsatz für eine menschlichere Welt.

Für alle Kranken, die Abschied nehmen müssen
von ihrer einstigen Betriebsamkeit:

daß sie innerlicher und gottverbundener
werden und darum wissen,
welche Hilfe sie uns allen dadurch geben.

Für alle unsere Verstorbenen:

daß ihr Leben in Freude und Leid angenommen
werde und daß sie Barmherzigkeit finden.

FÜR ALLE MENSCHEN

Für alle, die gekreuzigt wurden
wie dein Sohn,
für alle Menschen, die verlassen sind,
bitten wir dich.
Für alle, die ihr Schicksal nicht ertragen,
für die Leidenden
und jene, die weder Sinn noch Ausweg sehen.

Für alle, die widersetzlich sind
oder abgestumpft oder gelähmt.
Für jene, die verbissen und verärgert,
bitter und zynisch sind.
Mach sie gütig, öffne ihnen wieder die Augen
für das Gute, das den Menschen möglich ist.
Für deine Schöpfung und deine Zukunft.

Für alle Gehemmten und Ängstlichen,
deren Gewissen verkrampft und unfrei ist.
Für alle, die in Spannung und Unruhe leben,
die unsicher sind und keinen Rat mehr wissen.

Für alle, die mutlos werden
im Anblick all des Bösen in dieser Welt.
Aber auch für alle Zuversichtlichen,
die Kraft ausstrahlen
und Freundschaft geben können:
Daß sie standhaft bleiben in der Prüfung
und unter uns nie fehlen.

Wir bitten dich
für alle Unscheinbaren,
denen Gestalt und Schönheit abgeht.
Für jene, die nicht mehr mitkommen können.
Für die unglücklich geborenen Kinder.
Für die Gestörten und Behinderten.
Für die unheilbar Kranken.
Wir bitten dich,
laß uns den Sinn entdecken,
den ihr Dasein hat in dieser Welt.

Herr, Gott,
du bist der Trost der Betrübten
und die Kraft der Gequälten;
laß zu dir gelangen die Gebete
aller Menschen in Not. Amen

BEFREIE UNS

Für alle, die tastend Gott suchen,
daß sie ihn finden.

Für die, die meinen, Gott zu besitzen,
daß sie ihn suchen.

Für alle, die die Zukunft fürchten,
daß sie vertrauen.

Für alle, die gescheitert sind,
daß sie neue Chancen bekommen.

Für alle, die zweifeln,
daß sie nicht verzweifeln.

Für alle, die verloren umherlaufen,
daß sie ein Zuhause finden.

Für die Einsamen,
daß sie einem Menschen begegnen.

Für alle, die hungern, wie auch immer,
daß sie gesättigt werden.

Für die, die satt sind,
daß sie lernen, was Hunger ist.

Für die, die es gut haben,
daß sie nicht hartherzig werden.

Für die Mächtigen,
daß sie ihre Verletzlichkeit begreifen.

Für alle, die in dieser Welt leben
zwischen Hoffnung und Furcht,
und für uns selbst beten wir zu Gott:

Befreie uns von der Furcht
und von der falschen Sicherheit
und gib uns alles, was gut für uns ist,
durch Christus unsern Herrn.

NOT BEI UNS

Wir wollen beten
für alle,
die ihre Existenz verloren haben;
für die, die der Krieg verstümmelt hat,
für die Opfer des Straßenverkehrs,
für die, die sich flüchten ins Rauschgift,
für alle,
die auf unsere Liebe hoffen.

Laß uns nicht blind werden
durch unseren Wohlstand,
laß uns vielmehr Hilfe geben,
wo wir gebraucht werden,
eine Hilfe,
die wieder Mut zum Leben gibt.

Gott, wir bitten Dich heute
für die Kinder,
die in eine friedlose Welt
hineingeboren werden;

für die jungen Leute,
die keine Arbeit finden,
die mit den festgefahrenen Ordnungen
nicht zurechtkommen;

für alle,
die mit Freunden und Partnern
ihren Lebensweg suchen
und auch für die,
die enttäuscht und einsam klagen:

Sag uns Dein Wort,
damit wir fähig werden,

aufeinander zuzugehen,

einander Heimat zu geben:

Deine Familie werden.

AUF DER STRASSE

Herr, es gibt viele Straßen,
aber keine, auf der du nicht bist,
an jedem Wegzeichen steht deine Liebe bereit.
Wende dein Angesicht mir zu,
sei mein Gefährte auf meiner Reise.

Hilf mir, daß ich guten Gebrauch mache
von meiner freien Beweglichkeit,
und mach mir klar, was ich verantworte.

Gib, daß ich gewissenhaft auf die
Verkehrszeichen schaue und nie nachlässig werde,
sondern das Leben achte,
das du mir gegeben hast,
und das meiner Brüder und Schwestern,
das heilig ist.

Daß ich mein Auto nicht zu einem Rennwagen
oder Streitwagen mache,
mich großzutun mit meiner Verwegenheit,
oder um meinen Machttrieb auszulassen.
Daß es schlicht ein Mittel sei
im Dienst meiner Arbeit
oder zur Freude in meinen Mußestunden.

Gewähre mir auch,
daß ich wie der Samariter Hilfe bringe dem,
der sie nötig hat.

RUF AUS DER TIEFE

Für Menschen,
die der Ausbeutung unterliegen,
die von Systemen vernachlässigt sind,
von Ideologien vergewaltigt,
zwischen Maschinen gefangen,
durch Einsamkeit verkümmert,
durch ihre Überzeugung verhärtet,
taub für Überraschungen,
blind für Leiden,
verkrüppelt durch Unfreiheit,
beten wir:
Aus der Tiefe rufen wir zu dir, Herr.

Für die Kirche Christi auf Erden,
die unschlüssig ist über ihre Botschaft,
im Zweifel über ihre Aufgabe,
uneinig in vieler Hinsicht,
geteilt zwischen gegensätzlichen Auffassungen,
phantasielos in ihrer Verkündigung,
zuchtlos in ihrer Gemeinschaft,
beten wir:
Aus der Tiefe rufen wir zu dir, Herr.

Für uns in dieser Gemeinschaft,
überwältigt durch die Herausforderungen
unserer Zeit, oft in Zweifeln,
gequält von Enttäuschungen,
um Ehrlichkeit ringend,
um gegenseitiges Verstehen,
nach Gerechtigkeit suchend,
beten wir:
Aus der Tiefe rufen wir zu dir, Herr.

FÜR ALLE LEBENSALTER

Laßt uns beten
für alle Menschen aller Lebensalter,
für alle, die jung oder alt
zueinander gehören
oder mitsammen durchs Leben gehen.
Laßt uns beten
um Sorge und Achtung füreinander,
daß wir nicht voneinander getrennt werden,
daß wir eines Sinnes versuchen,
glücklich zu sein.

Laßt uns beten
für alle Kinder,
für sie, die in unserer Mitte
klein und wehrlos sind:
Um eine glückliche Jugend,
daß ihnen nichts Böses zustoße,
daß sie gerade wachsen
und nicht verbildet werden.

Laßt uns beten,
daß wir ihnen kein Ärgernis geben.
sie nicht lehren zu hassen,
sondern hineinführen in die Wahrheit
und daß wir den Mut finden mögen,
einzutreten für alles Verwundbare,
Unsichere und Unausgereifte.

Laßt uns beten
für die Jungen,
die das Leben noch vor sich haben:
daß sie offen und empfänglich
ihrer Zukunft entgegengehen,
daß sie mit Unsicherheiten zu leben wagen
und den Enttäuschungen gewachsen seien,
daß sie sich selbst hinzunehmen lernen
und nicht mutlos werden.

Bitten wir für alle jungen Menschen,
daß sie ruhig und aufrecht
mit ihren Eltern verkehren,
daß sie das Vergangene achten,
ihre Vorfahren nicht hassen,
eine ältere Generation nicht abschreiben:
daß sie vor allem
ihren Freunden treu seien
und selbstlos in ihrer Liebe;
daß sie sich nicht ausliefern
an die formlose Plattheit:
das Leben der anderen nicht zerstören,
sondern bereit seien,
diese Erde bewohnbarer zu machen,
das erbitten wir für sie beim Herrn,
unserem Gott.

Laßt uns beten
für alle, die in der Kraft ihres Lebens stehen,
daß sie fruchtbar werden mögen,
daß sie nicht sich selbst suchen,
sondern das Wohl der anderen:
beten wir für alle erwachsenen Menschen,
daß sie ob in der Ehe oder ehelos,
nicht einsam seien,
nicht selbstgenügsam oder abgekapselt,
sondern daß sie einander immerfort
in Freundschaft suchen –
und so zunehmen an Menschlichkeit.

Laßt uns beten
für alle, die sich nicht zurechtfinden können:
für alle an ihrer Arbeit oder ihrem Stand
Unerfüllten oder Gescheiterten,
daß sie ihre Hoffnung auf die Zukunft setzen,
daß sie den Glauben bewahren an Gott,
unseren Vater,
der nicht will, daß wir verlorengehen.

Laßt uns beten
für alle betagten Menschen,
daß ihr Herz jung bleibe.
Um Weisheit und Offenheit
bitten wir für sie,
daß sie nicht neidisch seien und rechthaberisch,
sondern ihren Kindern
Raum zur Entfaltung lassen.

Laßt uns beten
für alle an Jahren Alten,
daß sie nicht trostlos zurückbleiben,
daß sie mit ihrer Lebenserfahrung
vielen dienstbar seien,
daß sie Achtung und Zuneigung erfahren mögen.
Wir bitten auch für jene,
die sich abmühen mit Krankheit,
und für alle Furchtsamen
und denen bang ist vor dem Tod.
Licht und Glauben, den Geist der Hingabe,
Ruhe und Frieden erbitten wir für sie.

Laßt uns beten für uns selbst,
daß wir, jung oder alt, durch Gottes Gnade
neue Menschen werden mögen,
immer von neuem:
daß wir Zwietracht und Mißtrauen
aus unserer Mitte verbannen;
daß wir die Liebe nicht abbrechen,
wenn uns auch viele Jahre trennen;
daß Gott der Herr uns beieinander bewahre
als Vater und Sohn
als Mutter und Tochter,
als eine einzige Familie, ein einziges Volk,
darum bitten wir.

Herr, unser Gott,
dies alles legen wir vor dich hin,
und noch so viele Bitten und Fürbitten
steigen in unserem Herzen auf.
Versteh uns recht, du weißt,
daß wir nur bitten wollen
um dein Reich,
um Friede und Wahrheit für alle.
Und daß zu jeder Zeit unseres Lebens
und Tag für Tag
dein Wille an uns geschehe,
das bitten wir dich
durch Jesus Christus. Amen.

LEBENS-
SITUATIONEN

JUNG SEIN

Herr,
ich danke dir,
weil es schön ist, jung zu sein.

Ich danke dir,
daß ich mich freuen kann
über ein Lächeln, das mir gilt,
über eine Hand,
die nach meiner Hand sucht.

Ich danke dir,
daß ich Freude habe
an einem Menschen,
zu dem es mich hinzieht.

Ich danke dir
für die Sehnsucht,
die mich gefangen nimmt
und verwandelt.

Ich danke dir
für den Menschen,
der für mich da ist
und mich braucht.

WARUM ICH GLAUBE

Warum glaube ich eigentlich?
Vielleicht
aus alter Gewohnheit –
oder
weil ich mich vor dem Tod fürchte –
oder
nur so für alle Fälle?

Oder
glaube ich,
weil meine Eltern mich zwingen –
oder
weil Predigten mir Angst einjagen?

Oder
glaube ich,
um meine Seele zu retten –
oder
weil ich besser sein will als die anderen?

Herr,
laß es geschehen,
daß ich glaube,
weil es dich gibt.

LIEBENDE

Herr, ich wünsche mir so sehr einen Menschen,
der mich versteht und dem ich alles sagen kann.
Ich wünsche mir einen Menschen,
der mich liebt.
Laß mich einen finden,
der nicht mit der Liebe spielt.
Laß mich einen finden,
der mein Herz sucht
und nicht nur mein Geschlecht.
Laß mich einen finden,
der mein Leben für lange Zeit reicher macht,
der mich nicht eines Tages arm
und zerstört zurückläßt.
Hilf mir, auch seinem Leben
mehr Freude und Glanz zu geben.
Hilf mir, Liebe zu finden,
in der Kraft und Treue ist,
wie in der Liebe, mit der du uns liebst.

Herr, ich danke dir,
daß wir zu zweit unser Leben führen dürfen.
Du gabst mir einen Menschen,
der mich liebt, wie ich bin,
der mit mir leidet, der mich tröstet
und aufrichtet,
der sich mit mir freut,
der auf mich wartet
und für mich da ist.
Herr, ich danke dir für das Gespräch miteinander,
für das immer neue Gespräch.
Ich danke dir für die immer neue Liebe,
für das ständige Tragen,
für das gemeinsame Gebet.
Herr, ich danke dir,
daß du uns ein gemeinsames Ziel gegeben hast:
dich selbst.

BEWAHRUNG MEINER EHE

Ich muß dir sagen, was in mir vorgeht.
Meine Liebe ist zerstört.
Alle Hoffnungen
und die wiederholten Versöhnungen
waren eitel.

Ich muß schreien und anklagen,
da ein solches Leben mir zugemutet wird.
Auch gegen mich selbst Vorwürfe über Vorwürfe.
Ich denke an die Kinder,
die am meisten betroffen sind,
daß die Liebe uns so zerquält.

Oft erscheint mir Scheidung als alleiniger
Ausweg,
daß wir uns nicht noch mehr zerstören.

Und wenn ich jetzt nicht sprechen kann und
schweige und nur das Notwendige verrichte,
daß das Leben weitergeht, dann laß mein Inneres
nicht verdorren oder verhärten.

Daß ich nicht gefühllos werde für Stunden,
die das Schlimmste wenden können,
daß ich nicht kraftlos werde, wenn Verzeihung
geboten ist, daß ich nicht die Erinnerung an
alles Gute und gemeinsame Schöne auslösche –
davor bewahre mich.

Wir haben uns einander versprochen und nicht
geahnt, wie das Leben uns niederschlagen
könnte.

Ich bete um Kraft, ich bete um Einsicht.
Ich bete um Bewahrung meiner Ehe.
Ich bete um ein wenig Liebe,
ohne die ich nicht leben kann.

IN DER PRÜFUNG

Wenn du selbst,
wenn du meinen Glauben prüfen solltest
und meinen Weg erstickst
in dichtem Nebel,
der die Straße vor mir auslöscht,
dann laß, wenn auch mein Fuß strauchelt,
meinen Blick
ruhig und klar sein,
ein lebendiger Zeuge,
daß ich dich mit mir führe,
daß ich in Frieden bin.

Wenn du selbst,
wenn du mein Vertrauen prüfen solltest
und es duldest,
daß die Luft dünn wird
und ich den Eindruck habe,
die Erde schwinde unter meinen Füßen,
dann laß meinen Blick allen zurufen,
daß niemand die Macht hat,
mich von dir loszureißen,
in dem wir uns bewegen,
atmen und sind.

Wenn du selbst,
wenn du es dulden solltest,
daß der Haß mich umzingelt
und Schlingen legt
und die Absichten verfälscht
und entstellt,
dann laß den Blick deines Sohnes
Heiterkeit und Liebe ausstrahlen
durch meine Augen.

Dom Helder Camara

WIR BRAUCHEN
DIE ANDEREN

Wir brauchen die anderen,
die wachen, wenn wir schlafen,
die glauben, wenn wir zweifeln,
die beten, wenn wir nur noch schweigen.

Wir brauchen die anderen,
die mit uns gehen,
die mit uns hoffen und bangen,
die müde sind und nicht verzagen,
die wir beanspruchen können
und die wir mit unseren Sorgen und
Nöten beladen.

Wir brauchen die anderen,
die mit uns vor dir stehen,
die dich bitten und fragen,
die dir danken und dir zur Verfügung stehen.

Wir brauchen die anderen,
weil wir dich lieben, wenn wir sie lieben.
Weil du uns Kraft gibst auf dem Wege zu dir,
wenn wir ihnen begegnen.

IN DER KRANKHEIT

Vater, es fällt mir schwer, zu sagen:
Dein Wille geschehe.

Ich bin niedergeschlagen und habe keinen
Mut mehr.

Die Schmerzen sind unerträglich.
Alles, was mein Leben ausgemacht hat,
scheint mir weit weg:

die Menschen, die zu mir gehören,
meine Arbeit, meine Freuden,
mein ganz alltägliches Tun.

Auch wenn ich mutlos bin, Herr,
ich will versuchen, ja zu sagen zu dem, was ist:

zu meinen Schmerzen,
zu meiner Schwäche,
zu meiner Hilflosigkeit.

Ich will alles ertragen, so gut es geht.

Laß mein Leiden nicht umsonst sein.

Vielleicht nützt es denen,
die für dich arbeiten und kämpfen.

Dein Wille geschehe.

Dein Sohn hat am Kreuze gezeigt,
daß Leiden nicht umsonst ist.

Ich danke dir, daß ich das weiß.

Segne mich, Vater.

Segne alle Menschen,
die mir Gutes tun und mir helfen.

Segne alle, die wie ich leiden müssen.

Und wenn du willst,
laß mich und die anderen gesund werden.

ALT WERDEN

Herr,
Ich gehöre zu den Menschen, die man alt nennt.

Ich lebe im Abend.
Bald wird es Nacht sein.

Laß mich nicht allein bei den letzten Schritten.

Mein Leben hatte einmal Wert und Sinn.

Ich habe gearbeitet, gelitten und gewirkt.

Was ich getan habe, rückt in die Ferne.

Ich bitte dich, mich vor Bitterkeit zu bewahren,
vor der Sucht, mein Wissen und Können
zu beweisen,
vor der Gefahr, zu behaupten, es sei alles
richtig gewesen. Ich möchte loslassen lernen.

Ich möchte mich auf nichts verlassen als auf
deine Güte. Laß du mich nicht los!

Meine Kräfte lassen nach.

Krankheiten zehren mich aus.

Der Tod steht vor mir, unausweichlich.

Ich bitte dich, mich vor Verhärtung zu behüten,
vor dem Ausweichen in Illusionen,
vor der Suche nach falschen Hoffnungen.

Ich möchte annehmen, was du sendest,
daß ich eine neue Stufe betrete
und bereit bin, wenn du mich verwandelst.

Mitten unter den Menschen habe ich gelebt.

Nun werde ich einsam. Meine Freunde sterben.

Niemand braucht mich. Jeder geht seinen Weg.

Ich bitte dich zu helfen,
daß ich mich nicht verschließe
und doch nicht überall mitrede
und daß ich kein Mitleid pflege mit mir selbst.

Ich möchte aus der Stille wirken können,
für andere Menschen eintreten vor dir.

Gib mir die Worte dafür.

Ich bin in deiner Liebe geborgen. Hilf mir lieben.

MIT EINEM STERBENDEN

Gott, du bist unser Vater,
du bist auch bei mir.

Auch dann, wenn ich nicht mehr sehe,
wohin der Weg geht.

Dein Sohn, unser Herr und Heiland,
Jesus Christus,
ist durch das Dunkel des Todes gegangen.

Darum bin ich voller Hoffnung:
Du wirst alles zu einem guten Ende führen.

Dank dir für alles Gute,
das ich in meinem Leben empfangen durfte,
vor allem für die Liebe guter Menschen.

Vergib Herr, wo ich schuldig geworden bin
vor dir und den Menschen.

Auch ich will alles verzeihen.

Herr segne alle, die mir lieb und teuer sind,
und versammle uns in deinem Reich.

Herr meines Lebens,
ich glaube, daß du mich liebst. Amen.

BITTE UM FÜRBITTE

Gegrüßet seist du, Maria
voll der Gnade,
der Herr ist mit dir.

Du bist gesegnet vor allen Frauen
und gesegnet ist die Frucht
deines Leibes, Jesus.

Heilige Maria, Mutter Gottes,
bitte für uns Sünder
jetzt und in der Stunde
unseres Todes.

Mutter, wache am Lager aller Kranken
der Welt:
Derer, die zu dieser Stunde im Sterben liegen;
derer, die alle Hoffnung auf Genesung
verloren haben;
derer, die sich nicht pflegen können
aus Mangel an Geld;
derer, die so gerne gehen möchten
und sich nicht bewegen können;
derer, die sich niederlegen müßten,
die aber die Not zur Arbeit zwingt;
derer, die lange Nächte durchwachen,
ohne schlafen zu können;
derer, die von Sorgen um die Familie
gequält sind;
derer, die auf ihre liebste Zukunftshoffnung
verzichten müssen.

TIEFER ALS DIE NACHT

Nun decke mich zu mit der Nacht.

Breite deine Gnade über uns aus,
wie du verheißen hast.

Deine Verheißungen sind mehr
als Sterne am Himmel.

Deine Gnade ist tiefer
als die Nacht.

Es wird kalt.

Die Nacht dieser Erde
kommt mit einem Hauch von Tod.

Die Nacht kommt
und das Ende kommt auch.

Du kommst,
auf den wir warten
Tag und Nacht.

aus Ghana

Herr, unser Gott, der du mächtig bist
zum Tod – mehr aber: zum Leben!

Wir rufen dich an,
wir Gebilde von Staub,
verletzbar und verletzend,
angstvoll und beängstigend:

Hilf uns zum Glauben,
der die Todesangst nicht verdrängt, nicht leugnet,
der das Leben achtet und dafür eintritt.

Menschen stehe bei, die zweifeln
und verzweifelt keine Freude finden können,
die einsam und traurig sich verlassen wähnen,
die sorgenvoll in die Zukunft blicken.

Du bist mächtig in deiner Liebe.

Erwecke uns durch deine Macht zum Leben.

FÜR DIE VERSTORBENEN

Gott, schenk deine Herrlichkeit,
deine Zukunft
und deine Treue
den Verstorbenen.

Wir können nicht glauben,
daß ihr Leben umsonst vorbeiging
und alles,
was sie für Menschen bedeutet haben,
nun verloren sein soll.

Vielmehr vereinigen wir uns mit dem Glauben,
in dem sie selbst festgehalten haben an dir
bis zum Ende,
an dir, ihrem Gott und unserem Gott,
der für uns lebt
heute und alle Tage
bis in Ewigkeit.

Still sind die Gräber,
aber die Seelen sind in deiner Hand.
Man spürt die Blicke
der Liebe aus der anderen Welt.

Herr, leuchtende Sonne,
erwärme und erhelle
die Wohnungen der Verstorbenen.

Herr, möge verschwinden
die bittere Zeit der Trennung.

Gib uns ein frohes Wiedersehen im Himmel.

Herr, mache, daß wir alle mit dir eins werden.

Herr, gib den Entschlafenen
die kindliche Reinheit,
die jugendfrische Seligkeit,
und möge ihr ewiges Leben
ein Osterfest sein. Amen.

aus Rußland

VOLLENDUNG

Herr, unser Gott,
Wir glauben, daß deine Heiligen bei dir leben
und daß Leid und Tod sie nicht mehr berühren.

Erhöre ihr Gebet
und laß uns erfahren,
daß sie uns nahe bleiben und für uns eintreten.

Darum bitten wir durch Christus, unseren Herrn.

Gott, du allein bist heilig,
dich ehren wir, wenn wir der Heiligen gedenken.

Stärke in uns das Leben der Gnade
und führe uns auf dem Weg der Pilgerschaft
zum ewigen Gastmahl,
wo du selbst die Vollendung der Heiligen bist.

Darum bitten wir durch Christus, unseren Herrn.

Meßbuch der kath. Kirche

Du hast deine Auserwählten
miteinander verbunden zu dem geheimnisvollen,
geistlichen Leib deines Sohnes Jesu Christi:

Gib uns Gnade, daß wir den vollendeten
Heiligen folgen in einem von dir geordneten Leben,
und laß auch uns zu jenen unaussprechlichen
Freuden gelangen, die du bereitet hast denen,
die dich von Herzen lieben.

Allgemeines evang. Gebetbuch

WELTVERANTWORTUNG

NEUER LEBENSSTIL

Herr, es gab Jahre,
da hatten wir nichts mehr:
kein Haus, kein Brot.

Kein Recht, keine Freiheit.

Damals suchten und beteten wir
um jene Lebenswerte, ohne die der Mensch
kein volles Leben führen kann:
um Freiheit und Recht,
um Glauben und Liebe, um Hoffnung.
Es ist unsere Schuld,
daß wir sie vergesssen haben,
daß wir das Leben mit Nippsachen,
mit Kleinkram vollstopfen –
bis unter den Himmel.

Herr, hilf uns umzukehren.

Laß uns Menschen begegnen,
die aus dem Wesentlichen heraus leben,
aus dem Wesentlichen, aus Dir.

„Gott allein genügt"
hat eine Heilige gesagt.

Lehre mich, dies zu leben,
daheim und draußen,
damit die Ordnungen und Werte
wieder sichtbar werden,
die Fenster zum Absoluten,
zu dir, aufgehen.

Daß mein Leben zum Kunstwerk wird,
das deine Hand zeigt.

Denn du allein bist genug.

P. Roth

MITEINANDER TEILEN

Gott, Schöpfer und Spender des Lebens,
erneut wurden wir gewarnt:
Das Überleben der Menschheit steht auf dem Spiel.
Wir bekennen vor dir:
unser Lebensstil und unsere Gesellschaftsordnung
schaffen Zwietracht und entfremden uns von deiner
Schöpfung, so daß wir die Kreatur, der du Leben gegeben hast, wie totes Material ausbeuten. Von dir getrennt
ist unser Leben leer. Wir sehnen uns nach einer neuen
Frömmigkeit, die unser Planen, Denken und Handeln
durchdringt. Hilf uns, die Erde für künftige Generatio-
nen zu bewahren, und so miteinander zu teilen, daß alle
frei werden.
Kyrie eleison, Herr erbarme dich.

Gott der Liebe, du teilst unser Leiden in Jesus Christus,
vergibst uns unsere Sünden und sprengst die Fesseln
der Unterdrückung. Erwecke und erhalte in uns die Gemeinschaft mit unseren Brüdern und Schwestern in aller Welt. Schenke uns den Mut, miteinander das Leiden
zu tragen, wenn es uns trifft. Entzünde in uns neu die
Osterfreude, und laß uns inmitten der Anfechtung dennoch singen:
Halleluja, Lob sei dir, Herr.

Gott der Hoffnung, dein Geist schenkt deinem Volke
Licht und Kraft. Deinen Namen unter allen Völkern zu
bezeugen, Mächten und Gewalten zum Trotz, für deine
Gerechtigkeit zu kämpfen, mit Glauben und Humor in
deinem Dienste auszuharren: dazu gib uns Macht; ohne
dich sind wir machtlos. Gemeinsam rufen wir:
Maranatha, komm Herr Jesus.

Gott, Vater, Sohn und Heiliger Geist, laß uns mit einer
Stimme und einmütigem Herzen die Hoheit deines heiligen Namens verherrlichen und preisen. Amen.

Ökumenischer Rat der Kirchen, Nairobi 1975

FÜR DIE „STUMME WELT"

Vater: Wir müssen in unser Gebet die ganze Menschheit miteinbeziehen, denn dein göttlicher Sohn, unser Bruder Jesus Christus, hat sein Blut vergossen für alle Menschen, an allen Orten, zu allen Zeiten.

Trotzdem erlaube mir, Herr, ein besonderes Gebet für mein Volk, die Welt, die keine Stimme hat. Es gibt tausende und abertausende menschliche Wesen – in den armen Ländern und in den Armenvierteln der reichen Länder –, die kein Recht haben, ihre Stimme zu erheben, die keinerlei Möglichkeit haben, Einspruch zu erheben und zu prostestieren – so gerecht auch die Sache ist, die sie verteidigen wollen.

Die Menschen ohne ein Dach, ohne Nahrung, ohne Kleidung, ohne Gesundheit, ohne die geringste Bildungsmöglichkeit, ohne Arbeit, ohne Zukunft, ohne Hoffnung, sind in Gefahr, dem Fatalismus zu verfallen; ihr Mut entsinkt ihnen, ihre Stimme versagt, sie werden zu Menschen ohne Stimme.

Der Fehler liegt, wenigstens zum Teil, bei uns.

Was wir fordern wollen, ist schwierig genug: Wenn es nicht offensichtlich wird, daß wir niemand verachten, uns niemand überlegen fühlen, keine Aggressivität abreagieren; wenn es nicht ganz deutlich wird, daß uns einzig die Liebe zum Nächsten durch die Liebe Gottes leitet, dann werden wir die anderen immer nur reizen.

Daß wir, Vater, jedesmal mehr eins seien mit deinem Sohn! Daß Christus sehe durch unsere Augen, höre durch unsere Ohren, rede durch unsere Lippen.

Sende, Herr, deinen Geist! Er allein kann das Angesicht der Erde erneuern! Er allein wird die Egoismen zerbrechen; denn das ist unerläßlich, wenn die Strukturen, die Millionen in der Sklaverei halten, überwunden werden sollen. Er allein wird uns helfen, eine Welt zu errichten, die menschlicher, christlicher ist.

Dom Helder Camara

MENSCHENRECHTE

Herr, Tausende von Menschen
sind aus ihrer Heimat vertrieben;
Tausende gehen in Booten zugrunde,
weil kein rettender Hafen sie aufnimmt;
Tausende werden in Lagern festgehalten,
fast ohne Aussicht auf ein normales
Familienleben in der Zukunft.
Tag für Tag wird die Zahl der Flüchtlinge größer,
und Tag für Tag wird es deutlicher,
daß wir in einer überaus ungastlichen Welt leben. –
Herr, weise mir Wege, um dieser menschlichen
Tragödie abhelfen zu können.
Zeige mir, wie ich in diesen Tagen,
in denen unzählige Menschen in Angst
und Verzweiflung leben,
Deinem Wort treu sein kann.
Erleuchte meinen Verstand, gib mir ein Herz
voller Eifer und einen starken Willen,
damit ich im Geiste Deines großen Liebes-
angebotes reden und handeln kann.

Ich weiß, was vor sich geht,
ich erkenne die Dringlichkeit der Situation
und bin überzeugt von der Notwendigkeit
hochherziger Hilfe.
Aber ich weiß noch nicht genau,
was Du hier und jetzt von mir verlangst.
Ich bitte um Deinen Beistand. Amen.

Henri J. M. Nouwen

UM FRIEDEN

Herr, unser Gott;
welche Nation ist rechtschaffen
in Deiner Sicht?
Auf der ganzen Erde
schreit das Blut der Völker zu Dir.
Viele, die nicht gekämpft haben,
sind durch das Blut der anderen
reich geworden.
Wir haben menschliche Sicherheit
Deiner Gerechtigkeit vorgezogen.

Wir haben unser Ehrenwort entehrt.

Wir haben „Frieden" gesagt.
wo es nur um Betrug und
Profitgier ging.

Herr, vergib und rette uns.

Laß uns nicht von dem Unrecht,
das wir selbst geschaffen haben,
verzehrt werden.

Herr, verschone uns
vor einem falschen Frieden,
der eine Flucht
vor der Wirklichkeit wäre.

Bewahre uns davor zu schweigen.

Laß uns nie dem Bösen gegenüber
resignieren,
noch die Welt den Mächten der Lüge
und des Hasses überlassen,
die sie zerstören.

Gib uns einen Geist der Weisheit,
der Klugheit und des Mutes,
wann immer wir für das,
was wir für gerecht und wahr halten,
einstehen.

Du, der Du in den Tagen der Vorzeit
Propheten hervorgebracht hast,
laß die Kirche in unseren Tagen
ein standhaftes Zeugnis ablegen.
Für die Liebe zur Ehre Deines Namens.

FÜR UNSERE WELT

Lasset uns beten zu Gott, unserm Vater:
Für unsere Welt:
daß wir sie mehr und mehr
als Gottes gute Schöpfung erleben,
in der wir in Frieden miteinander leben
und nicht im Krieg –
im Glück und nicht im Elend –
in Freude und nicht in Sorge und Angst;

für die, die das Leben noch vor sich haben:
daß sie nicht allein und verlassen
ihren Weg ins Leben suchen müssen;
daß sie selbst nicht interesselos
und gelangweilt in den Tag hinein leben,
sondern gern ihren Beitrag
zum Aufbau der Welt leisten;

für die Menschen in der Kraft ihrer Jahre,
die sich Tag für Tag abmühen
für ihre Familie und ihren Beruf:
daß ihre Arbeit Anerkennung findet,
daß sie ihre Ideale verwirklichen können
und daß sie den Sinn ihres Lebens erkennen;

für die, deren Leben sich zum Ende neigt,
für die schon vom Tode Gezeichneten,
aber auch für die Kranken und alle,
die sich nach Ruhe und Frieden
und nach Licht in dunklen Stunden sehnen:
daß sie Menschen finden,
die ein Herz für sie haben,
die sie verstehen und die ihnen auch
in der schwersten Stunde zur Seite bleiben.

Herr, unser Gott, du kennst uns Menschen –
denn du hast uns erschaffen;
du weißt um unsere Not –
denn du hast uns durch
Jesu Leben und Sterben erlöst.
Wir bitten dich:
Schenk uns die Freuden dieses Lebens
und hilf uns, einander die Lasten zu tragen,
weil du uns alle trägst.

FRIEDE IST MÖGLICH

Auf ein Wort Christen,
die Welt hat eine Frage.

Die Welt kann nicht warten.

Die Welt braucht eine Antwort,
die sich leben läßt.

Die Welt stirbt am Krieg!

Herr, gib den Mut zur Antwort.

Die Antwort heißt: FRIEDE!

Und Friede ist möglich.

Friede konkret:

Tun, was man kann
Den ersten Platz nicht begehren
Die Drohung nicht aussprechen
Den Freund nicht verraten
Den Gegner nicht verhöhnen
Den Eigennutz unterordnen
Das Trennende ausräumen
Die andere Meinung achten
Den Schlag nicht zurückgeben
Die Beleidigung zurücknehmen
Den Krieg ächten
Auf Ausgleich drängen
Den ausgebrochenen Krieg beenden
Nachteile in Kauf nehmen
Unrecht verabscheuen
Guten Rat annehmen
Tun, was man kann.

Herr, gib den Mut zur Antwort.

Die Antwort heißt: FRIEDE!

Und Friede ist möglich.

Kurtmartin Magiera

vrede
pace
béke
PAX
МИР
pokój
pax
paz
Barış
peace
PAX
Friede
МИР
Friede
vrede
béke
SCHALOM
和平

cristo
ressuscitou
ΗΓΕΡΘΗ Ο ΧΡΙΣΤΟΣ
CHRIST HAS RISEN
Kristus Är Uppstånden
CHRISTUS SURREXIT
CHRISTUS IS OPGESTAAN
LE CHRIST EST RESSUSCITÉ
CHRISTUS IST AUFERSTANDEN

ХРИСТОС ВОСКРЕСЕ
CRISTO HA RESUCITADO
Chrystus zmartwychwstał
CRISTO È RISORTO
Kristos er opstanden
Kriste wakamuka
···s vstal z mrt···

ÖKUMENE

JESU GEBET UM EINHEIT

Vater, ich bitte dich nicht nur für sie,
sondern auch für alle,
die durch ihr Wort an mich glauben:

alle sollen eins sein;
wie du Vater in mir bist,
und ich in dir bin,
sollen auch sie in uns sein,
damit die Welt glaubt,
daß du mich gesandt hast.

Die Herrlichkeit, die du mir gegeben hast,
habe ich ihnen gegeben,
damit sie eins sind, wie wir eins sind,
ich in ihnen und du in mir.

So sollen sie vollkommen eins sein,
damit die Welt erkennt,
daß du mich gesandt hast.

aus Joh 17

UM EINHEIT IM GLAUBEN

Laßt uns beten zu Gott, unserem Vater,
für alle Kirchen und Gemeinden,
die sich christlich nennen:

daß wir uns nicht abfinden mit der Teilung
und Trennung der Christenheit,
die ein Skandal, ein Ärgernis vor der Welt
und ein Verrat an Christi Auftrag ist...

daß wir ablegen Pharisäismus und Hochmut,
Fanatismus und Enge,
das Vorurteil und die Voreingenommenheit,
als ob die anderen immer weniger,
und wir selbst immer mehr an Glaube,
Hoffnung und Liebe hätten...

daß wir ernst machen mit der ökumenischen
Bewegung, den anderen Bruder,
die andere Schwester von Herzen suchen
und annehmen, wie sie geworden sind,
sie achten und tolerieren und endlich noch
bestehende Grenzen und Mauern abbauen...

daß wir auf dein Wort gemeinsam hören
und ihm gehorchen
und in dieser Wahrheit uns finden,
wie auch im Abendmahl,
dem Brote Christi, das alle verbindet,
und im Kelch unseres Herrn,
der alle erlöst...

daß wir den begonnenen Weg weitergehen,
guten Willens und stetig, um zum Frieden
und zur Versöhnung zu kommen
zum Lobe Gottes und zur Glaubwürdigkeit
vor der Welt...

Gott, sammle deine Kirchen, rufe sie zusammen
in deiner Macht. Mache sie eins unter ihrem Hirten
und Herrn Jesus Christus, deinem Sohn.
Der Geist deiner Liebe bringe sie zusammen,
damit die Welt dich, den einen und wahren Gott,
erkennen kann durch das sichtbare Zeichen
deiner geeinten, sich liebenden Gemeinde. Amen.

KATHOLISCH –
EVANGELISCH –
ORTHODOX

Jesus Christus,
wir danken dir, daß die katholische Kirche,
die Kirche der Eucharistie ist,
verwurzelt in deinen Worten
„das ist mein Leib,
das ist mein Blut",
daß sie Leben spendet aus
deiner wunderbaren Gegenwart.

Wir danken dir dafür,
daß die evangelischen Kirchen,
die Kirchen des Wortes sind,
die beständig die Kraft deines Evangeliums
in Erinnerung rufen.

Wir danken dir, daß die orthodoxen Kirchen
in ihrer Treue so oft in der Geschichte dahin
geführt wurden, bis an die äußersten Grenzen
der Liebe zu gehen.

Christus, öffne uns alle,
daß wir über uns selbst hinauswachsen
und nicht länger die Versöhnung in dieser
einzigartigen Gemeinschaft hinauszögern,
die den Namen Kirche trägt,
unersetzlicher Sauerteig
im Teig der Menschheit.

Mutter Teresa – Frère Roger

GEBET UM EINHEIT

Ewiger, barmherziger Gott,
du bist ein Gott des Friedens,
der Liebe und der Einigkeit,
nicht aber des Zwiespalts.

Wir armen Sünder bitten und flehen dich an,
du wollest durch den Heiligen Geist alles
Zertrennte zusammenbringen, das Geteilte
vereinigen und ganz machen, auch uns geben,
daß wir zu deiner Einigkeit umkehren,
deine einige einzige, ewige Wahrheit suchen,
von allem Zwiespalt abweichen,
daß wir eines Sinnes, Wissens und Verstandes
werden, der da gerichtet sei nach Jesus Christus,
unserem Herrn, damit wir dich, unsern
himmlischen Vater, mit einem Munde preisen und
loben mögen, durch unseren Herrn
Jesus Christus im Heiligen Geist. Amen.

Martin Luther

GLAUBENSBEKENNTNIS

Ich glaube, daß ich nie allein bin.
Der Vater ist bei mir. Aber noch mehr.
Ich bin auch unter den Menschen nie allein.
Um mich her ist die große Gemeinschaft der Kirche.
Sie besteht aus Menschen, die der Heilige Gott liebt,
und heißt deshalb heilig.
Sie ist nicht nur in meiner Gemeinde oder in meinem
Land, sie ist überall, in allen Ländern der Welt,
in allen Erdteilen und unter Menschen
aller Rassen, und ich gehöre zu ihr.
Ich kenne sie an der Taufe, am Zeichen des Wassers.
Ich kenne sie am heiligen Mahl,
an Brot und Wein, in denen Christus bei ihr ist.
Ich kenne sie daran, daß ich Menschen treffe,
die von Jesus reden
und die sein Wort und seinen Willen weitersagen.
Ich glaube, daß wir ganz dicht zusammengehören,
wir Christen, obwohl uns vieles trennt.
Ich glaube, daß die, die dem Heiligen Gott
zugehören und darum „Heilige" heißen, rund um
unsere Welt her eins sind,
weil Christus sie zusammenhält.

Jörg Zink

LITURGIE
GEMEINSCHAFT

ÖKUMENISCHE TEXTE

DAS GLORIA

Ehre sei Gott in der Höhe
und Frieden auf Erden
den Menschen seiner Gnade.
Wir loben dich,
wir preisen dich,
wir beten dich an,
wir rühmen dich und danken dir,
denn groß ist deine Herrlichkeit.
Herr und Gott, König des Himmels,
Gott und Vater, Herrscher über das All,
Herr, eingeborener Sohn, Jesus Christus.

Herr und Gott, Lamm Gottes, Sohn des Vaters,
du nimmst hinweg die Sünde der Welt:
erbarme dich unser;
du nimmst hinweg die Sünde der Welt:
nimm an unser Gebet;
du sitzest zur Rechten des Vaters:
erbarme dich unser.
Denn du allein bist der Heilige,
du allein der Herr,
du allein der Höchste:
Jesus Christus,
mit dem Heiligen Geist,
zur Ehre Gottes des Vaters. Amen.

DAS SANCTUS

Heilig, heilig, heilig
Gott, Herr aller Mächte und Gewalten.
Erfüllt sind Himmel und Erde
von deiner Herrlichkeit.

Hosanna in der Höhe.
Hochgelobt sei, der da kommt
im Namen des Herrn.
Hosanna in der Höhe.

DAS APOSTOLISCHE GLAUBENSBEKENNTNIS

Ich glaube an Gott,
den Vater, den Allmächtigen,
den Schöpfer des Himmels und der Erde,
und an Jesus Christus,
seinen eingeborenen Sohn, unsern Herrn,
empfangen durch den Heiligen Geist,
geboren von der Jungfrau Maria,
gelitten unter Pontius Pilatus,
gekreuzigt, gestorben und begraben,
hinabgestiegen in das Reich des Todes,
am dritten Tage auferstanden von den Toten,
aufgefahren in den Himmel;
er sitzt zur Rechten Gottes,
des allmächtigen Vaters;
von dort wird er kommen,
zu richten die Lebenden und die Toten.

Ich glaube an den Heiligen Geist,
die heilige katholische (christliche) Kirche,
Gemeinschaft der Heiligen,
Vergebung der Sünden,
Auferstehung der Toten
und das ewige Leben. Amen.

DAS EHRE SEI DEM VATER

Ehre sei dem Vater und dem Sohn
und dem Heiligen Geist,
wie im Anfang, so auch jetzt und alle Zeit
und in Ewigkeit. Amen.

DAS VATERUNSER

Vater unser im Himmel,
geheiligt werde dein Name.
Dein Reich komme.
Dein Wille geschehe,
wie im Himmel so auf Erden.
Unser tägliches Brot gib uns heute.
Und vergib uns unsere Schuld,
wie auch wir vergeben unsern Schuldigern.
Und führe uns nicht in Versuchung,
sondern erlöse uns von dem Bösen.
Denn dein ist das Reich und die Kraft
und die Herrlichkeit in Ewigkeit. Amen.

EVANGELISCHER GOTTESDIENST

Nach der Ordnung der Evang.-Luth. Kirchen

I. DER EINGANGSTEIL

Liturg: Im Namen des Vaters und des Sohnes und des Heiligen Geistes. – Amen.
Unsere Hilfe steht im Namen des Herrn.

Gemeinde: Der Himmel und Erde gemacht hat.

L: Da wir hier versammelt sind, um miteinander Gottes Wort zu hören, ihn im Gebet und Loblied anzurufen und in dieses Altares Gemeinschaft den Leib und das Blut Jesu Christi zu empfangen, so lasset uns zuvor gedenken unserer Unwürdigkeit und vor Gott bekennen, daß wir gesündigt haben mit Gedanken, Worten und Werken, auch aus eigener Kraft uns von unserem sündigen Wesen nicht erlösen können. Darum nehmen wir Zuflucht zu der grundlosen Barmherzigkeit Gottes, unseres himmlischen Vaters, begehren Gnade um Christi willen und sprechen: Gott, sei mir Sünder gnädig.

L und G: Der allmächtige Gott erbarme sich unser, er vergebe uns unsere Sünde und führe uns zum ewigen Leben. – Amen.

L: Nimm von uns Herr, unsere Sünde und verleihe uns, daß wir mit lauterem Herzen und reinen Lippen diesen Gottesdienst begehen und dich preisen. Durch Jesus Christus unseren Herrn.

G: Amen.

Eingangslied

Ehre sei dem Vater und dem Sohn und dem Heiligen Geist, wie es war im Anfang, jetzt und immerdar, und von Ewigkeit zu Ewigkeit. – Amen.

Kyrie eleison – Herr, erbarme dich.
Christe eleison – Christus erbarme dich.
Kyrie eleison – Herr, erbarme dich über uns.

L: Ehre sei Gott in der Höhe

G: und Friede auf Erden, den Menschen ein Wohlgefallen.

L: Der Herr sei mit euch!

106

G: Und mit deinem Geist.

L: Kollektengebet

II. DER WORTTEIL

Lesung der Epistel

G: Halleluja – Halleluja – Halleluja

Lesung des Evangeliums

Glaubensbekenntnis

Predigt

Lied; Abkündigungen

Friedensgruß

Und der Friede Gottes, der höher ist als unsere Vernunft, bewahre unsere Herzen und Sinne in Christus Jesus! – Amen.

Fürbittengebet

III. DER SAKRAMENTSTEIL

L: Der Herr sei mit euch!

G: Und mit deinem Geiste.

L: Die Herzen in die Höhe.

G: Wir erheben sie zum Herrn.

L: Lasset uns danksagen, dem Herrn, unserem Gott.

G: Das ist würdig und recht.

L: Wahrhaftig würdig und recht, billig und heilsam ist's, daß wir dir, heiliger Herr, allmächtiger Vater, ewiger Gott, allezeit und allenthalben Dank sagen durch Christum, unseren Herren. Durch welchen deine Majestät loben die Engel, anbeten die Herrschaften, fürchten die Mächte, die Himmel und aller Himmel Kräfte samt den seligen Seraphim mit einhelligem Jubel dich preisen. Mit ihnen laß auch unsere Stimmen sich vereinigen und anbetend ohne Ende lobsingen:
Heilig, heilig, heilig
Gott, Herr aller Mächte und Gewalten.
Erfüllt sind Himmel und Erde
von deiner Herrlichkeit.

Hosanna in der Höhe.
Hochgelobt sei, der da kommt
im Namen des Herrn.
Hosanna in der Höhe.

L: Vater unser im Himmel . . .

Einsetzungsworte zum Abendmahl:

Unser Herr Jesus Christus, in der Nacht, da er verraten ward, nahm er das Brot, dankte und brach es und gab es seinen Jüngern und sprach:

Nehmt hin und eßt!
Das ist mein Leib, der für euch gegeben wird.

Und er nahm den Kelch nach dem Abendmahl, dankte, gab ihnen den und sprach:

Nehmt hin und trinkt alle daraus.
Dieser Kelch ist das Neue Testament in meinem Blut, das für euch vergossen wird zur Vergebung eurer Sünde.

Solches tut, so oft ihr's trinkt, zu meinem Gedächtnis.

Friedensgruß:

L: Der Friede des Herrn sei mit euch allen.

G: Amen.

Austeilung:

G: Christe, du Lamm Gottes, der du trägst die Sünde der Welt, erbarme dich unser.

IV. DER SCHLUSSTEIL

L: Danket dem Herrn, denn er ist freundlich,

G: und seine Güte währet ewiglich.

Schlußgebet

Entlassung:

L: Gehet hin im Frieden des Herrn.

G: Gott sei ewiglich Dank.

Segen:

L: Der Herr segne dich und behüte dich.
Der Herr lasse leuchten sein Angesicht
über dir und sei dir gnädig.
Der Herr erhebe sein Angesicht auf dich
und gebe dir Frieden. – Amen.

KATHOLISCHER GOTTESDIENST

ERÖFFNUNG

Einzug / Gesang zur Eröffnung

Begrüßung der Gemeinde

P: Im Namen des Vaters und des Sohnes und des Heiligen Geistes. – Amen.
Gnade und Friede von dem, der da ist und der war
und der kommen wird, sei mit euch.

G: Und mit deinem Geiste.

Allgemeines Schuldbekenntnis

P: Bevor wir das Gedächtnis des Herrn begehen, wollen
wir uns besinnen und bekennen, daß wir sündige
Menschen sind.
Erbarme dich, Herr, unser Gott, erbarme dich.

G: Denn wir haben vor dir gesündigt.

P: Erweise Herr, uns deine Huld.

G: Und schenke uns dein Heil.

P: Der allmächtige Gott erbarme sich unser.
Er lasse uns die Sünden nach
und führe uns zum ewigen Leben. – Amen.

Herr, erbarme dich.
Christus, erbarme dich.
Herr, erbarme dich.

Tagesgebet

WORTGOTTESDIENST

Lesung / Zwischengesang / Evangelium

Glaubensbekenntnis / Fürbitten

EUCHARISTIEFEIER

Gabenbereitung

P: Gepriesen bist du, Herr, unser Gott, Schöpfer der
Welt. Du schenkst uns das Brot, die Frucht der Erde
und der menschlichen Arbeit. Wir bringen dieses
Brot vor dein Angesicht, damit es uns das Brot des
Lebens werde.

Wie das Wasser sich mit Wein verbindet zum heiligen Zeichen, so lasse uns dieser Kelch teilhaben an der Gottheit Christi, der unsere Menschennatur angenommen hat.

Gepriesen bist du, Herr, unser Gott, Schöpfer der Welt. Du schenkst uns den Wein, die Frucht des Weinstocks und der menschlichen Arbeit. Wir bringen diesen Kelch vor dein Angesicht, damit er uns der Kelch des Heiles werde. Gepriesen bist du in Ewigkeit, Herr, unser Gott.

Händewaschung

Gabengebet

P: Lasset uns beten zu Gott, dem allmächtigen Vater, daß er die Gaben der Kirche annehme zu seinem Lob und zum Heil der ganzen Welt.

EUCHARISTISCHES HOCHGEBET

Votivhochgebet – Versöhnung

Präfation

P: Der Herr sei mit Euch.

G: Und mit deinem Geiste.

P: Erhebet die Herzen.

G: Wir haben sie beim Herrn.

P: Lasset uns danken dem Herrn, unserem Gott.

G: Das ist würdig und recht.

Wir danken dir, Gott, allmächtiger Vater,
und preisen dich für dein Wirken in dieser Welt
durch unseren Herrn Jesus Christus:
Denn inmitten einer Menschheit,
die gespalten und zerrissen ist,
erfahren wir,
daß du Bereitschaft zu Versöhnung schenkst.
Dein Geist bewegt die Herzen,
wenn Feinde wieder miteinander sprechen,
Gegner sich die Hände reichen
und Völker einen Weg zueinander suchen.
Dein Werk ist es,
wenn der Wille zum Frieden den Streit beendet,
Verzeihung den Haß überwindet
und Rache der Vergebung weicht.

110

Darum können wir nicht aufhören,
dir zu danken und dich zu preisen.
Wir stimmen ein in den Lobgesang
der Chöre des Himmels,
die ohne Ende rufen:

Heilig, heilig, heilig
Gott, Herr aller Mächte und Gewalten.
Erfüllt sind Himmel und Erde
von deiner Herrlichkeit.

Hosanna in der Höhe.
Hochgelobt sei, der da kommt
im Namen des Herrn.
Hosanna in der Höhe.

Herr aller Mächte und Gewalten,
gepriesen bist du in deinem Sohn Jesus Christus,
der in deinem Namen gekommen ist.
Er ist dein rettendes Wort für uns Menschen.
Er ist die Hand,
die du den Sündern entgegenstreckst.
Er ist der Weg,
auf dem dein Friede zu uns kommt.
Gott, unser Vater,
als wir Menschen uns von dir abgewandt hatten,
hast du uns durch deinen Sohn zurückgeholt.
Du hast ihn in den Tod gegeben,
damit wir zu dir und zueinander finden.
Darum feiern wir die Versöhnung,
die Christus uns erwirkt hat,
und bitten dich:
Heilige diese Gaben durch deinen Geist,
da wir nun den Auftrag deines Sohnes erfüllen.
Denn bevor er sein Leben hingab,
um uns zu befreien,
nahm er beim Mahl das Brot in seine Hände,
dankte dir, brach es,
reichte es seinen Jüngern und sprach:

Nehmet und esset alle davon:
Das ist mein Leib, der für euch hingegeben wird.

Ebenso nahm er an jenem Abend den Kelch in seine
Hände, pries dein Erbarmen,
reichte den Kelch seinen Jüngern und sprach:

Nehmet und trinket alle daraus:
Das ist der Kelch des neuen und ewigen Bundes,
mein Blut, das für euch und für alle vergossen wird
zur Vergebung der Sünden.
Tut dies zu meinem Gedächtnis.

Geheimnis des Glaubens:

G: Deinen Tod, o Herr, verkünden wir,
   und deine Auferstehung preisen wir,
   bis du kommst in Herrlichkeit.

P: Herr, unser Gott, Dein Sohn
   hat uns dieses Vermächtnis seiner Liebe anvertraut.
   In der Gedächtnisfeier seines Todes und seiner Auferstehung bringen wir dar,
   was du uns gegeben hast:
   das Opfer der Versöhnung.

   Wir bitten dich,
   nimm auch uns an in deinem Sohn
   und schenke uns in diesem Mahl den Geist,
   den er verheißen hat,
   den Geist der Einheit,
   der wegnimmt, was trennt,
   und der uns zusammenhält in der Gemeinschaft mit
   unserem Papst N.,
   unserem Bischof N.,
   mit allen Bischöfen und mit deinem ganzen Volk.
   Mach deine Kirche zum Zeichen der Einheit unter
   den Menschen und zum Werkzeug deines Friedens.
   Wie du uns hier am Tisch deines Sohnes versammelt
   hast, in Gemeinschaft mit der seligen Jungfrau
   und Gottesmutter Maria und allen Heiligen,
   so sammle die Menschen aller Rassen und
   Sprachen, aller Schichten und Gruppen
   zum Gastmahl der ewigen Versöhnung
   in der neuen Welt deines immerwährenden
   Friedens durch unseren Herrn Jesus Christus.

   Durch ihn und mit ihm und in ihm
   ist Dir, Gott, allmächtiger Vater,
   in der Einheit des Heiligen Geistes
   alle Herrlichkeit und Ehre
   jetzt und in Ewigkeit. – Amen.

KOMMUNION

Gebet des Herrn

P: Wir heißen Kinder Gottes und sind es.
   Darum beten wir voll Vertrauen:

G: Vater unser im Himmel...

Friedensgruß

P: Der Herr hat zu seinen Aposteln gesagt:
   Frieden hinterlasse ich euch,
   meinen Frieden gebe ich euch.
   Darum bitten wir:
   Herr Jesus Christus,
   Schau nicht auf unsere Sünden,
   sondern auf den Glauben deiner Kirche
   und schenke ihr nach deinem Willen
   Einheit und Frieden.
   Der Friede des Herrn sei allezeit mit euch.

G: Und mit deinem Geiste.

Gesang zur Brotbrechung

P: Lamm Gottes, du nimmst hinweg die Sünden der
   Welt, erbarme dich unser.

Einladung zur Kommunion

P: Seht das Lamm Gottes,
   das hinwegnimmt die Sünden der Welt.

G: Herr, ich bin nicht würdig,
   daß du eingehst unter mein Dach,
   aber sprich nur ein Wort,
   so wird meine Seele gesund.

Kommunionspendung

P: Der Leib Christi. Jeder antwortet: Amen.

Besinnung und Dankhymnus

Schlußgebet

Segen

P: Es segne euch der allmächtige Gott,
   der Vater und der Sohn
   und der Heilige Geist.

P: Amen.

P: Geht hin in Frieden!

G: Dank sei Gott, dem Herrn.

DER SEGEN

Segnungen sind Zeichenhandlungen. Sie sollen das Leben der einzelnen und der menschlichen Gemeinschaft in seinen verschiedenen Phasen und Bereichen aus dem Glauben deuten und gestalten.

Manche Segnungen machen uns in besonderer Weise auf die Geheimnisse des Glaubens aufmerksam und helfen uns, sie besser zu erfassen und tiefer zu verehren

Der Christ liebt die von Gott geschaffenen Dinge: Von ihm empfängt er sie und schätzt sie als Gaben aus Gottes Hand. In den Segnungen werden sie als Zeichen gedeutet, in denen der Mensch die in der Natur und im Schaffen des Menschen wirkende Schöpfermacht und Güte Gottes erkennt. So werden die Gaben der Schöpfung und das Werk des Menschen zum Anlaß, sich zu Gott hinzukehren, ihm zu danken, ihn zu preisen und ihn um Hilfe anzurufen.

Der Mensch bedarf der Zeichen. Er vollzieht sein Leben nicht nur in Worten, sondern auch in Gebärden, in denen er sich ausdrückt und durch die er angesprochen wird besonders in seinen tieferen seelischen Bereichen. Auch in einer industrialisierten, wissenschaftlich und technisch rationalen Welt drückt er in Zeichen Verbundenheit, Hoffnung und festliche Freude aus. Wenn sie fehlen, verarmt das menschliche Leben.

Ebenso erfahren und bezeugen die Menschen ihren gemeinsamen Glauben in Zeichen. Segnungen als heilige Zeichen geben daher, besonders wenn sie festlich gestaltet werden, dem Glaubensleben in Familie und Gemeinde eine vielfältige Ausdrucks- und Anziehungskraft. Sie verkünden die Frohbotschaft, indem sie darauf aufmerksam machen, daß in Jesus Christus die Welt und alles in ihr überreich gesegnet ist. Sie schaffen und erhalten eine Atmosphäre frohen und zuversichtlichen Glaubens daran, daß unser ganzes Leben auf Gott hingeordnet und in ihm geborgen ist.

Auf Grund des allgemeinen oder besonderen Priestertums oder eines besonderen Auftrages kann jeder Getaufte und Gefirmte segnen.

SEGNUNG EINER FAMILIE

Die Familie wird schon in der alten Kirche als eine „Ecclesiola" (Kleinkirche) oder eine Art Hauskirche bezeichnet. Sie ist der wichtigste Ort der personalen Gottesbegegnung und der Einübung in den Glaubensvollzug. Die Familie ist eine Zelle im Lebensorganismus Kirche.

Lesung

Phil 2, 1-4: Seid eines Sinnes

Lesung aus dem Brief an die Philipper.

Wenn es Ermahnung in Christus gibt, Zuspruch aus Liebe, eine Gemeinschaft des Geistes, herzliche Zuneigung und Erbarmen, dann macht meine Freude dadurch vollkommen, daß ihr eines Sinnes seid, einander in Liebe verbunden, einmütig und einträchtig, daß ihr nichts aus Ehrgeiz und nichts aus Prahlerei tut! Sondern in Demut schätze einer den anderen höher ein als sich selbst! Jeder achte nicht nur auf das eigene Wohl, sondern auch auf das der anderen!

Segensgebet

V: Lasset uns beten.

> Wir preisen dich, Herr, unser Gott, denn es war dein Wille, daß dein Sohn in einer menschlichen Familie gelebt und ihre Sorgen und Freuden geteilt hat.

> Schütze und bewahre auch unsere Familie in deiner Gnade! Mache uns zufrieden und glücklich und hilf uns, einander in Enttäuschungen und Leiden beizustehen. Laß uns für dich und füreinander dasein und einander dienen, wie dein Sohn es uns vorgelebt hat, der mit dir lebt und herrscht in alle Ewigkeit.

A: Amen

V: Es segne uns der allmächtige Gott, der Vater und der Sohn und der Heilige Geist.

A: Amen.

SEGNUNG DER KINDER

Daß Eltern ihre Kinder segnen, ist seit dem Zweiten Vatikanischen Konzil ein Stück Liturgie geworden; denn bei der erneuerten Kindertaufe zeichnen nach dem Priester Eltern und Paten dem Kind vor der Gemeinde ein Kreuz auf die Stirn. Sie bekunden damit, daß ihr Kind kraft der Taufe ein Leben lang Christus gehören soll. Sie empfehlen es dem Schutz dessen, der auch für dieses Kind gestorben und auferstanden ist.

Lesung

Mt 19, 13–15: Laßt die Kinder zu mir kommen

Lesung aus dem heiligen Evangelium nach Matthäus.

Man brachte Kinder zu Jesus, damit er ihnen die Hände auflegte und für sie betete. Die Jünger aber wiesen die Leute schroff ab. Doch Jesus sagte: Laßt die Kinder zu mir kommen; hindert sie nicht daran! Denn Menschen wie ihnen gehört das Himmelreich. Dann legte er ihnen die Hände auf und zog weiter.

Oder:

Mt 21, 14–16: Die Kinder im Tempel riefen: Hosanna dem Sohn Davids

Mk 9, 36–37: Wer ein solches Kind aufnimmt, der nimmt mich auf

Segensgebet

Der Herr sei mit dir und beschütze dich. Es segne dich der allmächtige Gott, der Vater und der Sohn und der Heilige Geist.
Amen.

Die Sorge um ein Kind ist während einer Krankheit besonders groß. Durch die Segnung wird es der schützenden und heilenden Hand Gottes anvertraut. Durch die Handauflegung gewinnt dieser Segen eine besondere Ausdruckskraft und eine besondere Beziehung zu der Weise, in der Christus die Kinder gesegnet hat.

SEGNUNG EINER WOHNUNG

Der Friede des Herrn sei mit diesem Haus und mit allen,
die darin wohnen.

A: Und mit deinem Geiste.

Der Zelebrant führt in die Feier ein. Die Eröffnung
schließt mit einem Gebet, dem Kyrie-Rufe vorausgehen
können (Singweise GL 353,6).

V: Herr Jesus Christus, du hast verheißen: Wo zwei oder
   drei in meinem Namen versammelt sind, da bin ich
   mitten unter ihnen.

   Herr, erbarme dich (unser).

A: Herr, erbarme dich (unser).

V: Du hast versprochen, daß der Vater jedes Gebet er-
   hört, das wir in deinem Namen an ihn richten.

   Christus, erbarme dich (unser).

A: Christus, erbarme dich (unser).

V: Du hast uns durch deinen Tod und deine Auferstehung zu Mitbürgern der Heiligen und zu Hausgenos-
   sen Gottes gemacht.

   Herr, erbarme dich (unser).

A: Herr, erbarme dich (unser).

V: Lasset uns beten.

   Herr Jesus Christus, du bist in das Haus des Zachäus
   eingekehrt.
   Komme auch zu uns mit deinem Segen, der du lebst
   und herrschest in alle Ewigkeit.

A: Amen.

Lesung

Mt 7, 24–28: Vom Haus auf dem Felsen
oder Hebr 3, 1–6, Joh 14, 2–6.

Antwortgesang

Es kann Psalm 91 oder ein Lied gewählt werden.

Ansprache

Segensgebet

V: Lasset uns beten.

Himmlischer Vater, du läßt uns schon in diesem Leben deine Güte erfahren und deine Größe preisen.

Mache uns dankbar für das, was du an uns wirkst.
Blicke in Liebe auf alle, die auf dich hoffen. Segne
dieses Heim und schütze seine Bewohner. Gib ihnen
deinen Frieden, bewahre sie vor Schuld und erlöse
sie von dem Bösen. Schenke ihnen Anteil an den Gütern des Lebens und öffne ihr Herz für die Not des
Nächsten. Laß uns nicht vergessen, daß unsere irdi-
sche Wohnung einst abgebrochen wird und daß wir
berufen sind zur ewigen Gemeinschaft mit dir.

Darum bitten wir durch Christus, unseren Herrn.

A: Amen.

Fürbitten

Vaterunser

Schlußsegen

V: Der Segen des Herrn sei mit euch und begleite euch
auf euren Wegen. Es segne euch der allmächtige Gott,
der Vater und der Sohn und der Heilige Geist.

A: Amen.

KRANKENSALBUNG

Der Priester begrüßt den Kranken und die Anwesenden. Es folgt das Schuldbekenntnis oder die Beichte.

Danach wird von einem Anwesenden ein Wort aus der Heiligen Schrift gelesen (z. B. Jak 5, 13-16; Röm 8, 18-27; Röm 8, 31b-39). Nach den Fürbitten legt der Priester dem Kranken die Hände auf. Dann spricht er über das Öl ein Dankgebet:

P: Sei gepriesen, Gott, allmächtiger Vater: Für uns und zu unserm Heil hast du deinen Sohn in diese Welt gesandt. Wir loben dich.

A: Wir preisen dich.

P: Sei gepriesen, Gott, eingeborener Sohn: Du bist in die Niedrigkeit unseres Menschenlebens gekommen, um unsere Krankheiten zu heilen. Wir loben dich.

A: Wir preisen dich.

P: Sei gepriesen, Heiliger Geist, du unser Beistand: Du stärkst uns in den Gebrechlichkeiten unseres Leibes mit nie erlahmender Kraft. Wir loben dich.

A: Wir preisen dich.

P: Herr, schenke deinem Diener/deiner Dienerin, der/die mit diesem heiligen Öl in der Kraft des Glaubens gesalbt wird, Linderung seiner/ihrer Schwäche. Durch Christus, unsern Herrn.

A: Amen.

Nun salbt der Priester den Kranken auf der Stirn und auf den Händen. Dabei spricht er:

P: **Durch die Heilige Salbung helfe dir der Herr in seinem reichen Erbarmen, er stehe dir bei mit der Kraft des Heiligen Geistes:**
Der Herr, der dich von Sünden befreit, rette dich, in seiner Gnade richte er dich auf.

A: Amen.

Nach einem Gebet des Priesters sprechen alle das Vaterunser. Danach können der Kranke und die Anwesenden, wenn sie es wünschen, die heilige Kommunion empfangen. Die Feier schließt mit dem Segen.

FEIER DER AGAPE

Was ist Agape?

Agape ist das griechische Wort für brüderliche Liebe und bezeichnet im Urchristentum auch das brüderliche Mahl. Die Einsetzung des Abendmahls geschah innerhalb eines solchen brüderlichen Mahls, des Passahmahls, dessen Feier an den Auszug der Israeliten aus Ägypten und den Bundesschluß Gottes mit seinem Volk erinnern sollte.

Im 11. Kapitel des 1. Korintherbriefes erfahren wir noch die Verbindung von Mahl und Eucharistiefeier. Dieses brüderlich-festliche Mahl wurde abends gefeiert, jeder steuerte das Seine dazu bei nach Stand und Vermögen, aber so, daß dann alle alles mit allen teilen sollten. Dieses Mahl war mehr als eine Sättigung, es sollte Ausdruck der brüderlichen Verbundenheit in Christus sein und war dadurch auch schon von seiner Gegenwart erfüllt. Agapefeiern gab es auch noch in den folgenden Jahrhunderten, es erfolgte aber bald eine Trennung von der eigentlichen Eucharistiefeier, doch behielt die Agape einen liturgischen Charakter durch Gebet und Gesänge wie auch durch die Segnung von Brot und Wein. Man durfte sich satt essen, aber alles sollte gesammelt zugehen beim Essen und beim Gespräch.

Durch die Trennung von Eucharistie und Agape bahnte sich eine Entwicklung an, die den Charakter der Eucharistie als Gemeinschaftsmahl in den Hintergrund treten ließ. Heute bemüht man sich zwar, den Mahlcharakter wieder mehr sichtbar werden zu lassen. Trotzdem kann aber wegen der großen Zahl der Gottesdienstteilnehmer die Verbundenheit untereinander meist nicht so zum Ausdruck kommen, wie das bei einer Mahlfeier im kleineren Kreis der Fall ist. So könnte die Feier der Agape eine Erfahrung der brüderlichen Verbundenheit beim Mahl vermitteln, die wegen ihrer ausdrücklich religiösen Dimension tiefer geht als bei normalen Mahlzeiten. Obwohl die Agape eine eigenständige Form gottesdienstlicher Praxis darstellt, kann sie durch ihren gemeinschaftsbildenden Charakter und aufgrund einer gewissen inneren Nähe zur Eucharistie dazu beitragen, daß auch die eigentlich eucharistische Praxis im Sinne einer verstärkten Betonung des Gemeinschaftsbezugs erneuert wird.

Jesus hat nur einmal die Eucharistie gefeiert, aber oft hat er Gastmahl mit den Menschen gehalten. Das Mahl mit Sündern und Verfemten war ein Zeichen der Liebe Gottes, die dem einzelnen nachgeht. Für Jesus war das Mahl nicht einfach nur Sättigung, sondern wurde Bedeutungsträger für etwas Tieferes, für die Mitteilung seiner Liebe: „Ich bin das Brot des Lebens." Das Tiefste, was der Mensch braucht, ist das Angenommensein durch den anderen, und dies zeigt sich im gemeinsamen Mahl.

Agape heute

a. Agape als Laienliturgie: In einer Zeit, die nach Gemeindeerfahrung in kleinen Gruppen verlangt und die mancherorts durch einen zunehmenden Priestermangel gekennzeichnet ist, kann es hilfreich sein, wenn man sich nicht nur auf reine Wortgottesdienste beschränken muß, sondern die brüderliche Verbundenheit auch durch ein Mahl in Form einer Agapefeier zum Ausdruck bringen kann, bei der ein Laie die Leitung übernehmen kann. Überdies bietet sich hier die Möglichkeit, nach einer Zeit, in der so viele traditionelle Formen der Volksfrömmigkeit abgebaut worden sind, eine neue Tradition gemeinsamer Frömmigkeitspraxis zu begründen.

b. Missionarischer Charakter der Agape: Da die Agape einen offeneren Charakter hat als die Eucharistie, könnten sich in ihr verschiedene Konfessionen und vielleicht sogar Mitglieder anderer Religionsgemeinschaften wie Juden, Muslime oder auch Christen, die sonst den Kirchen fernstehen, zusammenfinden.

Zur Gestaltung

Anlässe zu einer Agape können z. B. sein: Zusammenkünfte christlicher Laiengruppen, Feste in der Familie (wobei noch lebendige traditionelle Bräuche wie zur Adventszeit, zu Weihnachten und Ostern in die Gestaltung einbezogen werden können), aber auch jeder Sonntagvorabend als möglicher Kristallisationspunkt für geistliches Gespräch und Beten oder Singen in der Familie.

In der Gestaltung sollte Freiheit walten. Grundelemente sind: Lieder, Gebetstexte, Meditationstexte, Augenblicke der Stille, das sich frei entfaltende Gespräch über einen biblischen oder einen anderen Text, Fürbitten und Vaterunser. An einen mehr liturgisch gestalteten Teil schließt sich ein freieres Zusammensein an.

- Begrüßung und Einführung

- Ein Lied, das alle singen können

- Lesung einer hinführenden Meditation

- Segenswort des Hausvaters (Gastgebers):

    „Wie dieses Brot,
    aus vielen Körnern bereitet,
    jetzt *ein* Brot ist, und wie dieser Wein,
    aus vielen Beeren gewonnen,
    jetzt *ein* Trank ist,
    so will Gott uns Menschen zueinander führen –
    in dieser Gemeinschaft und auf der ganzen Erde.
    Kommt und eßt von diesem Brote, das uns eint!
    Jesus, der Herr, gebe uns seinen Frieden!"

    (Aus der „Didache", einem Dokument der Frühkirche)

- Stille

- Evangelium (Lukas 9, 10–17; oder Lukas 24, 13–35)

- Tischgespräch über das Evangelium

- Fürbitten

- Lied

- Vaterunser

- Segensbitte

- Fortführung der Gespräche

TAGESGEBETE DER KIRCHE

Gott.
Du hast uns geschaffen –
doch wir kennen dich kaum.

Du liebst uns –
und doch bist du uns fremd.

Offenbare dich deiner Gemeinde.
Zeig uns dein Gesicht.

Sag uns, wer du bist
und was du für uns bedeutest.

Lehre uns
dich erkennen, dich verstehen, dich lieben.

Darum bitten wir durch Jesus Christus.

Heiliger Gott.
Du bist unsagbar größer,
als wir Menschen begreifen,
du wohnst im unzugänglichen Licht,
und doch bist du uns nahe.

Gib, daß wir heute mit Ehrfurcht vor dir stehen
und froh werden in deiner Nähe.

Darum bitten wir durch Jesus Christus.

Gott.
Dein Wort bringt Licht und Freude in die Welt.

Es macht das Leben reich,
es stiftet Frieden und Versöhnung.

Gib, daß wir es nicht achtlos überhören.

Mach uns aufnahmebereit.

Bring dein Wort in uns zu hundertfältiger Frucht.

Darum bitten wir durch Jesus Christus.

Gott.
Du hast uns verschiedene Gaben geschenkt.

Keinem gabst du alles – und keinem nichts.

Jedem gibst du einen Teil.

Hilf uns,
daß wir uns nicht zerstreiten,
sondern einander dienen mit dem,
was du einem jeden zum Nutzen aller gibst.

Darum bitten wir durch Jesus Christus.

Gott, unser Vater.

Bedrückt vom Elend unserer Zeit,
kommen wir zu dir.

Sieh auf die Not und Hilflosigkeit
so vieler Menschen.

Laß sie an ihrem Schicksal nicht zerbrechen.

Stärke unter uns das Bewußtsein
der Verantwortung füreinander,
damit wir anfangen,
brüderlich zu teilen und einander beizustehn.

Darum bitten wir durch Jesus Christus.

Gott.
Dein Sohn Jesus Christus
ist das Weizenkorn, das für uns starb.

Wir leben aus seinem Tod.

Nimm von uns die Angst,
für andere verbraucht zu werden.

Hilf uns, einander Gutes zu tun,
damit wir nicht vergeblich leben,
sondern Frucht bringen in Jesus Christus,
der in der Einheit des Heiligen Geistes
mit dir lebt und herrscht in alle Ewigkeit.

Herr, unser Gott.
Wir danken dir
für das Geschenk dieser Zusammenkunft.

Sie hält in uns lebendig,
was wir allein vergessen und verlieren würden.

Zeig uns heute neu den Sinn unseres Lebens.

Festige unsere Gemeinschaft mit dir und
miteinander.
Schenk uns den Geist deines Sohnes,
unseres Herrn Jesus Christus,
der in der Einheit des Heiligen Geistes
mit dir lebt und herrscht in alle Ewigkeit.

Barmherziger Gott.
Du bietest jedem Menschen deine Gnade an.

Auch uns hast du hierher gerufen,
obwohl du weißt, wie wir sind:
sündige Menschen, die ihr Gewissen anklagt,
Menschen mit schwachem Glauben.

Rede uns nun zu Herzen.

Tröste, ermahne und ermutige uns.

Heilige uns in deiner Gnade.

Darum bitten wir durch Jesus Christus.

Gott.
Du bist uns nahe, noch bevor wir zu dir kommen.

Du bist bei uns, noch bevor wir uns
aufmachen zu dir.

Sieh deine Gemeinde, die auf dich schaut.

Sieh unsere Sehnsucht nach Glück,
unseren Willen zum Guten
und unser Versagen.
Erbarme dich unserer Armut und Leere.

Fülle sie mit deinem Leben,
mit deinem Glück,
mit deiner Liebe.

Darum bitten wir durch Jesus Christus.

Unser Herr Jesus Christus hat gesagt:

„Nicht Gesunde brauchen den Arzt,
sondern Kranke.

Nicht Gerechte zu rufen bin ich gekommen,
sondern die Sünder."

Darum beten wir: Barmherziger Gott.

Zu Unrecht halten wir uns oft für gut
und glauben, gerecht vor dir zu sein.

Wecke uns aus unserer falschen Sicherheit,
befreie uns von unserer Selbstgerechtigkeit
und heile uns durch Jesus Christus,
den Arzt der Kranken, den Heiland der Sünder,
der in der Einheit des Heiligen Geistes
mit dir lebt und herrscht in alle Ewigkeit.

Jesus Christus hat gesagt:

„Sorgt euch nicht um euer Leben!

Ängstigt euch nicht!

Euch soll es um das Reich Gottes gehen;
dann wird euch das andere dazugegeben."

Darum beten wir: Gott.

Wir fürchten,
wenn wir uns auf dich einlassen,
wird unser Leben noch schwerer;
wenn wir uns für deine Sache mühn,
kommen wir selber zu kurz.

Mach uns frei von der Angst.

Gib uns Freude an deinem Reich
und laß uns erfahren,
daß dir allein die Zukunft gehört.

Das gewähre uns durch Jesus Christus.

Meßbuch der Kath. Kirche

126

DAS DANKLIED MARIENS

Da sang Maria ein Lied:
Meine Seele rühmt den Herrn
und hebt ihn über alles empor.

Mein Geist freut sich über den Herrn,
den Gott, der mir hilft.

Denn er ist seiner Magd,
die so niedrig ist, freundlich begegnet.

Glücklich werden mich preisen
die Menschen und Völker zu allen Zeiten.

Er hat Großes an mir getan,
der unendliche Macht hat
und der zu heilig ist für den Dank,
mit dem unser Mund ihn nennt.

Seine Barmherzigkeit reicht über alle
Geschlechter der Menschen.

Freundlich begegnet er denen,
die ihn fürchten.

Keine Menschenmacht bleibt.
Die Kraft seines Armes zerstreut sie wie Sand,
die meinen in ihrem Herzen,
sie seien ihr eigener Gott.

Die Mächtigen taumeln von ihren Thronen,
und die Getretenen richtet er auf.

Hungrige sättigt sein Reichtum,
und Reiche treibt er mit leeren Händen davon.

Er nimmt sich seines Dieners Israel an
und gewährt ihm seine Barmherzigkeit.

Unseren Vätern hat er es angesagt,
und in Ewigkeit gilt es Abrahams Volk –
dem Volk, das ihm dient.

Lk 1,46–55

JUNGE FRAU AUS NAZARETH

MARIA
Frau mit Träumen und Visionen
offen für das Wirken des Geistes
mutig, ungesicherte Wege zu gehen

Ich entdecke meine Schwester

MARIA
die das Lied der Befreiung singt
voller Freude
selbstbewußt
solidarisch mit den Schwachen
Hoffnung gebend

Ich entdecke die Prophetin

MARIA
bemüht, ihren Sohn zu verstehen
„Wie konntest du uns das antun?"
ihn dennoch nicht aufgebend
„Ja" sagend zu dem Weg, den er gehen muß
mit ihm leidend
ohnmächtig angesichts seines grausamen Todes

Ich entdecke die Mutter
mit dem Schicksal vieler Mütter

MARIA
erfüllt vom Heiligen Geist
inmitten der sich sammelnden Gemeinde
einen neuen Aufbruch wagend
Jesus nachfolgend

Ich entdecke den Menschen, der glaubt.

85/85
maria   E. Wachter 82

Die Abbildungen JOSEF und MARIA
aus den vier Karten-Serien mit 32 Motiven:
DIE BIBEL IN GESICHTERN
aus der Singener Trilogie von Emil Wachter.

FeRieN

entspannen
erholen
besinnen

Wir müssen Gott finden, er kann jedoch nicht
im Lärm und der Ruhelosigkeit gefunden werden. Gott ist der Freund des Schweigens.

Schaue, wie die Natur, wie Bäume, Blumen
und Gräser in der Stille wachsen. Schaue, wie
Sterne, der Mond und die Sonne in der Stille
ihre Bahnen ziehen. Je mehr wir in stillem
Gebet empfangen, desto mehr können wir in
unserem täglichen Leben ausgeben.

Mutter Teresa von Kalkutta

ERHOLEN
BESINNEN

FREIZEIT

Gott, unser Vater,
du hast den Feiertag gewollt,
einen Tag der Anbetung,
der Ruhe und Erholung.

Lehre uns neu,
Freizeit zu haben,
Urlaub zu machen,
frei zu sein.

Gib uns Zeit und Ruhe,
zu uns zu kommen, damit wir auch
wieder zu dir kommen.

Herr, schenke uns
genügend Augenblicke des Glücks,
daß wir spüren,
du liebst uns.

Herr, laß uns
in der Hoffnung leben,
daß wir einst
im Glück ohne Ende leben.

DAS GESCHENK DES LEBENS

Manchmal, wenn es ganz still ist um mich,
so wie jetzt, dann spüre ich meinen Atem,
wie er in mich einströmt,
wie meine Lungen sich weiten,
wie ich voll neuer Kraft werde.

Ich spüre, wie der Atem mich wieder verläßt –
und von neuem in mich einströmt.

Ich spüre das Leben in mir –
und freue mich über das Geschenk des Lebens.

Herr, du willst, daß wir leben,
daß wir ewig leben.
Du bist das Leben.
Du bist die Liebe.
Du liebst uns.
Du liebst mich.
Gib mir das ewige Leben.

ICH LIEBE DAS LEBEN

Ich liebe das Leben in der Familie.

Ich liebe das junge, hoffnungsfrohe Leben der Kinder,
die noch voller Verheißung sind,
voller Wagnis und Fragen.

Ich liebe das Leben der Jugendlichen,
in denen am deutlichsten der Schwung und die
Kraft und die Begeisterung zu spüren ist.

Ich liebe das Leben, wie es sich zeigt
bei einem Tanzfest, bei einer lustigen Gesellschaft,
beim Spiel.

Ich liebe das Leben, das aus der Kunst spricht.

Ich liebe die Technik und alles, was sie
uns an Erleichterung beschert.

Ich liebe die Musik, die mich einhüllt und
verzaubert, die ausspricht,
was man mit Worten nicht sagen kann.

Ich liebe das Leben in der Natur,
in der kleinsten Blume und im großen Wald,
auf den Bergen und am Meer,
in den Schwärmen der Vögel und den
ziehenden Wolken, im plätschernden Regen
und im wilden Sturm.

Ich liebe das Leben, wie immer es sich zeigt.

Es kommt mir vor wie ein großer Teppich;
alle Geschöpfe der vergangenen Jahrtausende
haben daran gewebt, alle, die nach uns kommen
werden, dürfen auch daran weben.

Und in diesem Augenblick der Gegenwart
da sind wir berufen, am Teppich des Lebens
zu weben, wir alle, die wir jetzt leben.

Möge das Muster, das wir arbeiten,
wenn schon nicht groß,
so doch wenigstens schön und gut sein.

UM HUMOR

Schenke mir eine gute Verdauung, Herr,
und auch etwas zum Verdauen.

Schenke mir Gesundheit des Leibes,
mit dem nötigen Sinn dafür,
ihn möglichst gut zu erhalten.

Schenke mir eine heilige Seele, Herr,
die das im Auge behält, was gut ist und rein,
damit sie im Anblick der Sünde nicht erschrecke,
sondern das Mittel finde,
die Dinge wieder in Ordnung zu bringen.

Schenke mir eine Seele, der die Langeweile
fremd ist, die kein Murren kennt und kein Seufzen
und Klagen, und laß nicht zu, daß ich
mir allzuviel Sorgen mache um dieses sich
breit machende Etwas, das sich „Ich" nennt.

Herr, schenke mir Sinn für Humor,
gib mir die Gnade, einen Scherz zu verstehen,
damit ich ein wenig Glück kenne im Leben
und anderen davon mitteile.

Thomas Morus

FREUDE AM MORGEN

Herr, ich werfe meine Freude
wie Vögel an den Himmel.

Die Nacht ist verflattert,
und ich freue mich am Licht.
So ein Tag Herr, so ein Tag!

Deine Sonne hat den Tau weggebrannt
vom Gras und von unseren Herzen.

Was da aus uns kommt,
was da um uns ist an diesem Morgen,
das ist Dank.

Herr, ich bin fröhlich heute, am Morgen.

Die Vögel und Engel singen,
und ich jubiliere auch.

Das All und unsere Herzen
sind offen für Deine Gnade.

Ich fühle meinen Körper und danke.

Die Sonne brennt meine Haut, ich danke.

Das Meer rollt gegen den Strand,
die Gischt klatscht gegen unser Haus,
ich danke.

Herr, ich freue mich an der Schöpfung
und daß du dahinter bist
und daneben
und davor und darüber und in uns.

Ich freue mich, Herr, ich freue mich
und freue mich.

Die Psalmen singen von deiner Liebe,
die Propheten verkündigen sie,
und wir erfahren sie.

Herr, ich werfe meine Freude
wie Vögel an den Himmel.

Ein neuer Tag, der glitzert und knistert,
knallt und jubiliert von deiner Liebe.

Jeden Tag machst du. Hallelujah, Herr.

aus Westafrika

DANKE

Danke, Herr,
für die Blumen in freier Natur,
für den Wind, für das Meer und
für den Glanz im Weizenfeld.

Danke, Herr,
für die echte Liebe,
für das Herdfeuer,
für die wahre Freiheit.

Danke, Herr,
für die grünen Felder,
die Luft, die Sonne,
das Blau des Himmels,
für Deine Liebe.

Danke, Herr,
für die einfachen, demütigen
Menschen, die nicht nachtragend
sind und mir in die Augen blicken
können.

Danke, Herr,
für den Frieden in der Welt,
auch wenn er noch so zerbrechlich ist,
für den Frieden,
der immer wieder möglich ist.

Danke, Herr,
daß Du bei uns bist.
Amen.

aus Argentinien

SONNENGESANG

Lob sei dir, du Herre mein,
Mit allen deinen Geschöpfen,
Zumal dem Herrn Bruder, der Sonne,
Denn er ist der Tag, und er spendet Licht
Uns durch sich. Und er ist schön
Und strahlend im großen Glanz,
Dein Sinnbild trägt er, du Höchster.

Lob sei dir, du Herre mein,
Durch die Schwester, den Mond und die Sterne,
Am Himmel hast du sie gebildet, hell leuchtend
Und kostbar und schön.

Lob sei dir, du Herre mein,
Durch Bruder Wind und durch Lüfte und Wolken
Und heiteren Himmel und jegliches Wetter,
Durch welches du deinen Geschöpfen
den Unterhalt gibst.

Lob sei dir, du Herre mein,
Durch die Schwester, das Wasser;
Gar nützlich ist sie und demutsvoll
Und köstlich und keusch.

Lob sei dir, du Herre mein,
Durch Bruder Feuer,
durch den du erleuchtest die Nacht;
Und er ist schön und fröhlich
Und kraftvoll und stark.

Lob sei dir, du Herre mein,
Durch unsere Schwester, die Mutter Erde,
Die uns ernähret und lenkt
Und mannigfaltige Frucht trägt
Und buntfarb'ne Blumen und Kräuter.

Lob sei dir, du Herre mein,
Durch jene, die verzeihen durch deine Liebe
Und Krankheit ertragen und Drangsal.
Selig sind, die solches ertragen in Frieden,
Denn sie werden von dir, du Höchster, gekrönt.

Lobet und preiset den Herren mein
Und erweiset ihm Dank
und dient ihm mit großer Demut.

Franz von Assisi

BETEN
MUSS MAN SELBST TUN

Beten muß man selbst tun, selbst lernen. Kein Mensch und kein Brief können jemandem die Anstrengung des Betens abnehmen. Es gibt keinen Weg hinten herum. Das Gebet wurzelt im Humusboden der normalen menschlichen Erfahrung. Das wird geboren in der aufmerksamen Betrachtung von Dingen, Menschen und Ereignissen. Mechanisch alles einkassieren, das eigene Leben inbegriffen, als wäre es selbstverständlich und als hätten wir ohne weiteres ein Recht darauf, macht jedes Beten im Keim unmöglich. Dann helfen die schönsten Formeln nicht mehr. Gebet kann nur erblühen und lebendig bleiben, dank des Staunens, dank eines ständigen Kampfes gegen die Oberflächlichkeit. Ein Mensch beginnt sich erst dann realistisch zu sehen, wenn er aufhört, sich selbst als Eigentümer entgegenzutreten. Wie vertraut alles, und nicht zuletzt das eigene Ich, einem Menschen auch vorkommen mag, wie sehr er auch daran gewöhnt sein mag, zu leben und bei allem möglichen mitzumachen, sowohl das Leben wie das Mitmachen bleiben unerklärbar, unerwartet.

Viele Wege können zu der Erkenntnis führen, daß das Leben uns nicht als Eigentum gegeben ist. Verschiedenste Stimmungen, Erlebnisse, Wahrnehmungen können die betäubende Gewöhnung verfliegen lassen. Wie der Mann, der eines Nachts in die Luft sah, den Bann der Selbstverständlichkeit zu durchbrechen wußte und über sich selbst verlegen wurde:

Herr, unser Herr,
wie verbreitet ist dein Name
überall auf der Erde.
Ja, ich sehe den Himmel,
das Werk deiner Finger,
Mond und Sterne,
die du befestigt.
Was ist der Mensch,
daß du an ihn denkst,
Adams Kind, daß du ihn suchst?
Daß du ihn krönst,
ihn herrschen läßt
über das Werk deiner Hände?
Daß du ihm alles zu Füßen legst?   *Psalm 8*

aus: Die Bischöfe der Niederlande: Beten

GANZ MENSCH SEIN

Beten, das ist warten, einfach da sein, offen sein, empfänglich sein – das sind Haltungen, die in unserer leistungsorientierten Welt keinen Stellenwert mehr haben.

Beten, das heißt arm sein vor Gott, heißt Zeit für ihn verlieren, Kraft, Herz und Gemüt auf ihn richten – gegen die Nützlichkeitsorientierung „Zeit ist Geld"; „was kommt für mich dabei heraus".

Beten verlangt ruhige Aufmerksamkeit, Verweilen, nach Innen hören, nach Innen schauen – gegen die bloße Außenorientierung und gegen die Hast und Hetze unseres Lebensklimas.

Beten, das heißt sich dem Geheimnis Gottes öffnen, sich diesem auszusetzen, sich glaubend darauf einlassen – gegen die heutige Herrschaft des Wissens und des Machens, gegen Berechnen und Aufrechnen, gegen die immer stärker werdende „Verrechtlichung der menschlichen Beziehungen".

Beten, das ist hoffen und vertrauen, daß ich Zukunft habe von Gott her – gegen den Hang nach Sicherheit und Garantie.

Beten, das heißt danken, danken, daß ich bin, danken, daß ich meine Existenz einem anderen verdanke – gegen die Lebenseinstellung eigener Mächtigkeit.

Beten, das heißt sich für schuldig halten dürfen – entgegen aller heute üblich gewordenen Wegerklärung eigenen Versagens.

Beten, das heißt klagen und anklagen, zweifeln und hadern, trauern und weinen dürfen – gegen den Trend der Perfektionierung und gedankenlosen Anpassung.

Beten fordert „klein" zu sein, ein Kind zu sein.

Beten schließt Lobpreis ein, jubeln und sich freuen, wie beten überhaupt alle unsere Gefühle ins Spiel bringt – gegen das Verdrängen derselben zum Preis jeweiliger, der Umwelt gefälliger Masken.

Beten ist nicht Einschränkung, Beten ist Ausweitung des Lebens. Beten ist wie das Öffnen eines verschlossenen Raumes, in dem ich sonst ersticken müßte.

Beten ist der Zugang zur Dimension Gottes, in der ich mich erst wirklich selber finden kann.

Theresia Hauser

BETEN
IST SELBSTVERSTÄNDLICH

Über den Ursprung des Phänomens „Beten" wissen wir nichts. Wie ist die Menschheit daraufgekommen? Beten ist schlechthin selbstverständlich: in allen heiligen Büchern sämtlicher Religionen ist es einfach da: plötzlich – oder es war schon immer da.

Beten ist etwas ganz Selbstverständliches in der Bibel. So selbstverständlich, daß es ursprünglich in Israel kein Wort für beten gegeben hat. Beten war ein Rufen, Frohlocken, Lachen, Weinen, Schimpfen, Flehen – je nach den Umständen. Alles war gestattet – das ist die stärkste Tendenz im Umgang dieses Volkes mit seinem Gott. Es findet sich da keine sakrale und erhabene Gebetssprache. Beten ist in jeder Haltung und Tonlage möglich. Gott ist Weite und Befreiung, ihm gegenüber ist alles möglich, kein Wort ist zu plump oder zu spontan, daß es nicht erlaubt wäre.

Die Psalmen sprechen über alles, was im Menschen ist: die verschiedensten Gefühle prallen und stoßen dort aufeinander. Es ist ein Pendeln zwischen Gott und Nicht-Gott:

„Wie ein Hirsch lechzt nach frischem Wasser, so will ich, Gott, mit meinem ganzen Wesen zu dir. Ich dürste nach Gott, dem lebendigen Gott, wann stehe ich endlich Aug in Aug vor meinem Gott? Warum gehe ich zerlumpt umher, gequält und erniedrigt? Meine Feinde bedrohen mich mit dem Tod: Wo ist denn dein Gott? höre ich sie rufen. Du bist meine Lebensrettung, du bist mein Gott."

Das und noch mehr steht im 42. Psalm, diesem Gedicht, voll inneren Kampfes, Stimme und Gegenstimme: ein Gebet, das leidenschaftlich anhebt, dann bis zu innerem Zweifel absinkt, bald in einer Vision nahezu kosmischer Angst aufflammt und dann wieder zur Ruhe kommt. Und in diesem Hin und Her reinigt sich das Gemüt, ganz langsam – bis mit einem Schock das vorläufige letzte Wort erobert wird: „Du bist mein Gott."

In unserem Beten müssen wir uns an den Psalmen orientieren.

nach Huub Oosterhuis

140

WAS HEISST MEDITIEREN?

Maria aber behielt, was geschehen war, und alle diese Worte. Sie sann darüber nach und bewegte sie in ihrem Herzen.

Lukas 2,19

Die Dinge im Herzen bewegen, das heißt meditieren. Meditation ist heute in. Zehntausende haben sich von der Meditationswelle ergreifen lassen, indische Gurus haben Hochkonjunktur auf europäischem Boden. Viele sehen hier einen neuen Heilsweg, der sie von der Droge frei gemacht hat und der sie zu dem bringen soll, was sie sich durch die Droge versprochen hatten. Eines ist sicher richtig. Durch die Meditation wird ein Grundbedürfnis des Menschen angesprochen, aber damit dieses Bedürfnis nicht verfälscht wird, müssen wir auch gut unterscheiden, um was es da eigentlich geht.

Es gibt verschiedene Ursachen, warum der Hunger nach Meditation im Augenblick so stark ist. Die Technik, die dem Menschen alles verfügbar macht, ist nur eine Seite unseres Lebens. Außer dem planenden rationalen Denken gibt es auch andere Fähigkeiten, die wir unter der Vorherrschaft der Technik haben verkümmern lassen. K. Lorenz spricht vom Wärmetod des Gefühls als einer der acht Todsünden der zivilisierten Menschheit.

Es geht darum, daß wir wieder lernen, die Dinge im Herzen zu bewegen, d. h. nicht nur mit dem Kopf erfassen, sondern liebend in uns aufnehmen. Wenn wir eine Sache, eine Begegnung, ein Leid mit der Vernunft nicht gleich bewältigen können, neigen wir oft dazu, sie einfach zu verdrängen, statt sie auch unverstanden anzunehmen und im Herzen zu bewegen, reifen zu lassen, bis wir sie tiefer von innen her begreifen.

Damit ist schon angedeutet, daß es lebensnotwendig ist, zu meditieren, um die Ganzheit und den Sinn unseres Lebens zu finden. Meditation ist richtig verstanden keine Flucht und nicht weltfern, sondern sie läßt sich auf die ganze Breite und Tiefe des Lebens ein. Damit der Mensch sich aber so einlassen kann, muß er frei werden von Druck und Hetze, Angst und innerlicher Verkrampftheit. – Solches Sich-loslassen geschieht schon in manchen Tätigkeiten des Menschen. Im Urlaub, in Naturerlebnissen, im künstlerischen Schaffen, im Erfahren eines Kunstwerkes, in einem geglückten Gespräch.

Solches Sich-loslassen kann aber auch durch bewußte Übungen vollzogen werden, und solche Übungen sind in unserer Zeit notwendiger als früher, um einen Gegen-Akzent gegen den Streß zu setzen.

Für den Christen bedeutet Meditation das Eingehen auf die tiefere Wirklichkeit des Geistes, der in uns lebt, der uns führen will, umgestaltet, befreit, stärkt, tröstet und Gemeinschaft schafft, die uns trägt.

Die beglückende Erfahrung eines solchen Geführtseins kann auch einmal durchbrechen zu solchen Erlebnissen, wie Paulus sie im Korintherbrief beschreibt, wo er von einem Entrücktsein spricht und nicht weiß, ob es im Leibe oder außer dem Leibe stattfindet.

Aber auch wenn es nicht zu solcher Ekstase kommt, kann man von Meditation reden und es wäre ein Ziel, durch die stete Übung allmählich dahinzugelangen, unseren Alltag aus jener Kraft zu leben, die weiß, daß auch der kleinste unscheinbare Handgriff Ausdruck der Liebe sein kann, die die Mitte unseres Lebens ist.

Gundikar Hock

Beten heißt nicht
sich selber reden hören,
beten heißt,
still werden
und still sein
und warten,
bis der Betende Gott hört.

Sören Kierkegaard

142

DIE SCHRIFT MEDITIEREN

Für den Christen ist der wichtigste Meditationsstoff die Heilige Schrift. In ihr sind Erfahrungen niedergelegt, die Menschen mit Gott gemacht haben. Leben aus der Heiligen Schrift bedeutet, diese Erfahrungen nachvollziehen und fortführen.

Wie werden die Erfahrungen, Verheißungen und Weisungen der Heiligen Schrift in uns lebendig? Wie geschieht der Übersetzungsprozeß in unser Leben? Ein zumindest erster Schritt dazu kann in der Schriftmeditation geschehen.

Wir nehmen einen nicht zu kurzen, aber auch nicht zu langen Sinnabschnitt der Schrift her und lesen ihn einmal oder mehrmals durch, langsam, bis uns am Text etwas auffällt, bis wir eine Beziehung zum Text oder Wort des Textes gefunden haben und verweilen dabei.

Man kann auch versuchen, einen Schrifttext in ein Gebetswort zu fassen. So könnte die Perikope der Heilung des Blinden durch Jesus in das Gebetswort gebracht werden: „Du berührst mich" oder „Du heilst mich", die johanneische Stelle vom Hirt und den Schafen in das Wort: „Du kennst mich". Bei einem solchen Kurztext kann man verweilen, ihn wiederholen und auskosten.

Es gibt Bildworte in der Schrift, die sich einer meditativen Durchdringung in besonderer Weise anbieten. Nehmen wir als Beispiel das Wort bei Joh 7, 37: „Am letzten Tag, dem Höhepunkt des Festes, stellte sich Jesus hin und rief laut: Wenn jemand Durst hat, so komme er zu mir und trinke!"

Wir lassen Erinnerungen in uns aufsteigen, wo wir Brunnen oder Quelle erfahren haben.

Was heißt es schließlich, „Durst" zu haben, gar Durst nach einem Du? Und da sagt einer: „Komm zu mir und trinke." Er ist Brunnen, Quelle, Wasser.

Hans Schalk

GEBETSERFAHRUNGEN

Die rhythmische Meditation

Ein mündliches Gebet, etwa das Vaterunser, wird so langsam gesprochen, daß der Meditierende bei jedem Atemzug nur ein Wort in sich aufnimmt oder in sich hineinatmet. Für die Dauer eines Atemzuges oder mehrerer Atemzüge, falls sich nur so eine sinnvolle Wortgruppe ergibt, verweile ich bei dem Gesprochenen, damit dessen Gehalt in mich eindringe und in mein Herz hinabsinke, mich ergreife und verwandle. Im Hintergrund schwingt darin die uralte Erkenntnis von der tiefen Einheit des Leibes mit dem Geiste; danach besteht eine innige Verknüpfung zwischen dem leiblichen Einatmen der Worte und der geistigen Assimilation ihres Gehaltes.

Die verweilende Meditation

Aus der rhythmischen Meditation wächst eine zweite Weise des Gebetes hervor, die wir die verweilende Meditation nennen. Treue Übung nach dem Rhythmus des Atems wird verhältnismäßig bald dazu führen, daß der Meditierende in den Worten eines mündlichen Gebetes oder eines Textes aus der Hl. Schrift mehr Anregung findet, als er in der kurzen Spanne eines Atemzuges auszuschöpfen vermag. Dann soll er nicht weiterhasten, sondern so lange verweilen, bis er alles ausgekostet hat, was sich ihm darbietet. Hier schon gilt die Mahnung von Ignatius: „Nicht das Vielwissen sättigt die Seele und gewährt ihr Befriedigung, sondern das innerliche Fühlen und Verkosten der Dinge".

Erst in solchem Verweilen kann sich der mit den Worten vergegenwärtigte Gehalt nach seiner Tiefe öffnen, so daß das in ihm verborgene übergegenständliche Geheimnis zum Vorschein kommt. Zugleich verleiht das Verweilen ganz von selbst der inneren Bewegung eine Fülle und einen Tiefgang, die von dem nur rhythmischen Beten kaum je erreicht werden; nun darf erst richtig vom Eindringen in den ganzen Menschen, vom Hinabwirken in die Herzmitte oder den Seelengrund die Rede sein; jetzt erst wird der Meditierende wirklich in seiner Tiefe ergriffen und verwandelt. Doch wird das allein jener erfahren, der das in ihm anhebende Geschehen nicht gewaltsam abbricht, sondern zum vollen Ausschwingen oder Ausreifen kommen läßt.

Die wiederholende Meditation

Darin tritt eine Menschheitserfahrung zutage, gemäß der die Begrenztheit des Menschen kaum je zuläßt, etwas in einem Zugriff auszuschöpfen; vielmehr vermag er nur in immer wiederholten Anläufen sich etwas allseitig und in seiner ganzen Tiefe anzueignen.

Wir meinen hier das unablässige Wiederholen eines gehaltreichen Wortes, möglichst einer Formel, die den übergegenständlichen Grund alles Gegenständlichen vergegenwärtigt. Was von ihrem Reichtum beim ersten Sprechen noch nicht in den Menschen eingehen kann, wird durch das immer wieder neue und nimmermüde Formen derselben Worte allmählich vermittelt.

Schon im Neuen Testament begegnen wir dem wiederholenden Beten. Christus selbst hat es in der Nacht seines Ölbergleidens vollzogen; Matthäus berichtet, der Herr habe „dieselben Worte" wenigstens dreimal „wieder gesprochen". „Dreimal" aber meint drei Zeitspannen, an deren Schluß er jedesmal zu seinen Jüngern zurückkehrte. Daher hat er sich durch stete Wiederholung derselben Worte in die Hingabe an den Auftrag des Vaters gegen alle Widerstände hineingebetet.

Die schauende oder Christus-Meditation

Die schauende Meditation überwindet die Schranken von Raum und Zeit, wodurch der Meditierende in eine wahre Begegnung mit dem heute wie damals lebenden Christus eintritt; seine Gegenwart erschließen die leiblichen und auch die geistlichen Sinne. Daher denkt die Meditation nicht nur über Geschehnisse nach, die gänzlich und endgültig vergangen sind; vielmehr macht sie die durch die Taufe begründete und durch die Eucharistie genährte Vereinigung mit Christus zum Ereignis und ist damit das jetzt gelebte Leben selbst. Indem aber das geschieht, werde ich in die Ereignisse, von denen die Evangelien berichten, miteinbezogen; sie leben in mir weiter und setzen sich in mir fort und vollenden sich erst mit dem letzten Menschen am Ende der Zeiten. So stellt mich die Meditation immer wieder unter einen Petrus oder eine Magdalena unter Christi berufenden oder verzeihenden Blick, der mich in mein Innerstes trifft und mich bis in meine Tiefen verwandelt.

nach Ignatius von Loyola

SAMMLUNG

Herr und Gott,
da bin ich.
Nichts als ich.
Vor dir.

Ich bringe nichts mit
als mich selbst.
Nichts
als mich selbst.

Was wird nun geschehn
mit mir,
vor dir?
Geschieht etwas?

Die andern sind auch da.
Jeder hat sich mitgebracht.
Sich selbst.

Das genügt schon
an Last.

Da sind wir also da
vor dir.
Soviel jeder kann,
ist er da.

Was noch nicht da ist
von uns selber,
das holen wir noch herein.
Wir holen uns,
so gut wir können,
herein zu dir.

Wo du doch da bist.
Herr und Gott,
nichts als du.

Gut, Herr,
wir sind zusammengeholt,
hereingeholt,
von draußen herein
gesammelt,
in deine
alles hereinholende,
alles in sich sammelnde Gegenwart.

Silja Walter

MEDITATIONEN
BIBELARBEIT

ÖKUMENE

„Ein Kaufmann ging auf Reisen und suchte echte, gute
Perlen. Da fand er eine, die war wertvoller als alles, was
er bisher gesehen hatte. Er fuhr nach Hause, verkaufte
alles, was er besaß, und kaufte sie." (Mt 13,45)

Jesus redete oft in Gleichnissen.

Der Kaufmann im Evangelium handelt so, wie man ver-
nünftigerweise nicht handeln sollte: Er verkauft alles,
was er hat, nichts behält er zurück, auch nicht einen Not-
groschen zur eigenen Sicherheit, falls es schiefgehen
sollte. Er setzt alles auf eine Karte. Seine Entscheidung
ist klar.

Anders der Krämer, er würde sich nicht verausgaben,
vielmehr seine Habe im Rückhalt bewahren. Ein Mann,
der nur das kauft, was er mit Kleingeld bezahlen kann.

Das Gleichnis ist eine Anfrage an uns. Was ist uns der
Glaube wert? Und welchen Einsatz wagen wir?

Paulus schreibt an die Philipper: „Alles, was mir danach
wichtig gewesen war, worauf ich mein ganzes Leben ge-
baut habe, das habe ich weggeworfen, als mir Christus ent-
gegentrat." (3,7)

Ist das nicht geradezu die Übersetzung dessen, was der
Kaufmann im Evangelium tat?

Im Glauben an Christus bin ich nicht allein.
Ich glaube mit den Christen.
Ich glaube mit meinen Schwestern und Brüdern
anderer Kirchen und Traditionen.

Wie der Kaufmann haben sich die Christen auf Reisen
begeben. Sie gehen aufeinander zu. Wir können nicht
mehr zu Hause bleiben. Wir können uns der ökumenischen Bewegung unserer Tage nicht entziehen.

Die Gemeinsamkeit unseres Glaubens zu entdecken
und den anderen in seiner eigenen Tradition zu verstehen setzt voraus, daß „man sich versteht".

Ökumene heißt zunächst, zu den getrennten Brüdern ja
sagen, ohne Sicherheit und Gegenleistung den „ersten
Schritt zu ihnen tun". [1]

---

1) Ökumenedekret des II. Vatikanischen Konzils, Nr. 4

Sich mit seinem ganzen Vermögen dem Bruder anvertrauen: eine solche Haltung ruft letzte Wahrhaftigkeit hervor. So sein wie der Freund zu einem Freunde – liegt darin nicht die große Chance der Ökumene?

„Was wahrhaft christlich ist", sagt das Ökumenedekret des II. Vatikanischen Konzils, „steht niemals im Gegensatz zu den echten Gütern des Glaubens, sondern kann immer nur dazu helfen, das Geheimnis Christi und der Kirche vollkommener zu erfassen."

Viele von uns haben es bereits im eigenen Leben erfahren: der Glaube, der alles auf eine Karte setzt, ist riskant. – Aber es gibt keine Ökumene ohne persönliches Wagnis. Es gibt keine Ökumene, in der man mit Kleingeld bezahlen könnte. Es gibt keine Ökumene der Unverbindlichkeit.

Selbst Gottesdienste können unverbindlich bleiben, wenn wir nur beten „Herr, Herr, schenke du uns die Einheit", wenn wir aber persönlich weit davon entfernt sind, Ökumene zu wagen und zu tun, was uns eint.

Wir haben uns auf Reisen begeben, um nach der Fülle des Evangeliums zu suchen. Wir sehnen uns nach der Einheit der Kirche in der Vielfalt der Traditionen.

Viele Menschen unserer Zeit sind von der „Gnade der Sehnsucht nach Einheit" ergriffen, so beschreibt das Konzil die Erfahrung der ökumenischen Bewegung. Es ist die Erfahrung des Kaufmanns. Seine Entscheidung für die eine kostbare Perle war einfach und klar.

Die Gnade der Sehnsucht nach Einheit – um diese Gnade bitten wir dich, Herr. Führe uns auf unserem ökumenischen Weg zum vollen Reichtum des Evangeliums. Bewahre uns vor dem Krämergeist unter Christen. Schenke uns vielmehr die Gesinnung des Kaufmanns und seine Leidenschaft für das, was uns heute kostbar ist.

Wolfgang Tarara

NEULAND

*Im 10. und 11. Kapitel berichtet die Apostelgeschichte über
die Bekehrung und Taufe des Heiden Cornelius.*

Wir lesen Apg 11, 1–18

Die Taufe des Heiden Cornelius bedeutet für die Entfaltung der jungen Kirche ein äußerst wichtiges Ereignis:
mit ihr beginnt die „Heidenmission"; die Kirche tut den
Schritt von einer kleinen, unbedeutenden Sekte hin zur
Weltkirche. Fast 2000 Jahre später können wir an diesem
Beispiel Lebensgesetze ablesen, die auch für das kirchliche Leben von heute Gültigkeit besitzen.

1. Wer von Gott gerufen wird, muß Schritte ins Neuland wagen.

Das Wort des Petrus nach der Vision spricht aus, was
auch manchem von uns zu schaffen macht. Er sperrt sich
gegen Ungewohntes: „Auf keinen Fall, Herr. Ich habe so
etwas noch nie getan." Aber die göttliche Stimme läßt
sich auf solche Bedenken nicht ein: „Was Gott rein gemacht hat, das behandle du nicht als unrein" – das heißt:
gehe nicht an einer Aufgabe vorbei, die dir heute gestellt
ist.

Aus eigener Erfahrung wissen wir: gegen alles, was uns
neu und unbekannt ist, möchten wir uns abschirmen.
Nur dann fühlen wir uns sicher, wenn möglichst nichts
Unvorhergesehenes geschieht. Dabei gehört es zu den
Gesetzen menschlichen Lebens, daß wir uns immer
neuen Situationen gegenübersehen, daß wir vor dem
Wagnis stehen. Dadurch, daß wir Schritte in unbekanntes Land tun, lernen wir, uns selbst, unsere Lebensgemeinschaften, und damit auch das Zusammenleben in
den Kirchen besser zu begreifen. Das Wort vom „Mut
zum Experiment" erweist sich hier als ein entscheidendes Lebensgesetz für menschliche Gemeinschaft, und
somit auch für das christliche Leben.

2. Was soll bleiben – was muß geändert werden?

Als gläubigem Juden war es dem Petrus streng verboten,
das Haus eines Fremden zu betreten und mit ihm Umgang zu haben (10,28). Für die Entwicklung der Kirche
hätte es tödliche Folgen gehabt, wenn er sich an dieses
Gesetz gehalten hätte. Das Evangelium wäre nicht über
die jüdischen Provinzen hinausgedrungen; es wäre

in geographischer und geistiger Begrenzung erstarrt. Darum ermuntert Gottes Geist den Petrus, „er solle ohne Bedenken mitgehen" in das Haus des Cornelius.

Wie Petrus müssen wir auf Gottes Geist hören, ihn befragen, wohin wir zu gehen haben, damit unser Christsein nicht erstarrt. Wir müssen die sich wandelnden Formen unserer Welt und unseres Glaubens ebenso ernst nehmen wie das, was als Gültiges zu bleiben hat. Es gilt, im wagenden, tastenden Experiment zu erproben, ob neue Formen der Glaubensaussage, des brüderlichen Dienstes, der Zusammenarbeit mit Andersdenkenden nicht ein Gebot der Stunde sind, weil sonst das Christsein in Gefahr gerät, in harmloser Bedeutungslosigkeit vor sich hinzudämmern.

3. Wo Gottes Geist wirkt, gibt es „Unruhe".

Als Petrus nach Jerusalem zurückkehrt, wird er von seinen Glaubensgenossen angegriffen. Sie verstehen nicht, warum sich der Prominenteste unter den Zwölfen einfach über heilige Traditionen hinwegsetzt. Auffallend ist die Offenheit, mit der die Jerusalemer Gemeinde die Erklärung des Petrus annimmt: „Als sie das hörten, beruhigten sie sich und priesen Gott."

Solange Gottes Geist Leben in der Kirche erweckt, wird es „Unruhe" geben. Das heißt nicht, daß jede Art von Unruhe vom Geist gewirkt sein muß. Was wir jedoch brauchen und erbitten müssen, ist die Fähigkeit, Geister zu unterscheiden. Mit Sicherheit läßt sich sagen, daß der Zustand der Friedhofsruhe nicht durch den lebenschaffenden Geist Gottes gewirkt ist. Denn: „der Geist, den ihr empfangen habt, ist ein Feuer. Laßt es brennen." (Römer 12,11)

Hans-Georg Lachmund

DER FERNE NÄCHSTE

*Liebe Freunde, wir wollen uns füreinander engagieren,
denn das Engagement füreinander hat seinen Ursprung in
Gott. Wir haben Liebe zu geben, denn er hat sich zuerst für
uns engagiert. Wenn jemand sagt: Ich liebe Gott – und läßt
seinen Bruder links liegen, der lügt. Denn wer seinen Bruder
nicht liebt, den er vor Augen hat, kann Gott unmöglich lieben, den er nicht sieht. – Das ist die Ordnung, die wir von
ihm haben: Wer Gott liebt, soll auch seinen Bruder lieben.*

aus 1 Joh 4

Wir haben hier für „Liebe" das Wort „Engagement" gebraucht. Auch wenn Liebe mehr ist als Engagement für
den anderen, so macht diese Übersetzung doch klar, daß
Liebe weniger mit Gefühl zu tun hat, sie bedeutet Bin-
dung an den Nächsten. Der Engländer sagt für Verlobt-
sein „Engagiertsein". Das macht die Sache deutlich.

Echtes Engagement ist allseitig. Wer sagt: „ich liebe meinen fernen Nächsten in Afrika", aber sich nicht um den
Einsamen nebenan müht, der belügt sich selbst. Wer
sagt: „Wir haben in Deutschland noch genügend Not,
was geht uns die Dritte Welt an", sollte sich fragen, ob er
eigentlich etwas gegen die Not in Deutschland tut. Wer
hier mit dem Herzen kämpft, dem ist auch die Dritte
Welt nicht gleichgültig. Freilich: wenn auch unsere Hände (und unsere Zeit) beschränkt sind, unser Herz darf es
nicht sein. Mit der Dritten Welt geht es uns ähnlich wie
mit Gott. Die ist zu weit weg, unsichtbar trotz aller Mas-
senmedien, ungreifbar. Wie wir in der Schrift lesen, um
dem nahe-gekommenen Gott zu begegnen, so sollten
wir auch in der Zeitung lesen – und in ihr suchen – um
dem nahe-gekommenen Bruder zu begegnen. Ja, es sollte uns immer mehr gelingen, in dem nahe-gekommenen
Bruder Gott zu sehen, der uns nahekommt. Denn seit-
dem Gott Mensch geworden ist, ist Gottes- und Näch-
stenliebe tatsächlich eine Liebe. In Christus war die Liebe zum Vater eins mit dem Engagement für die Brüder.
Sie standen nicht nebeneinander oder gegeneinander.
Er gab sein Leben für seine Freunde, wie er es im Dienste des Vaters gab.

Der Mensch nach diesem Bild Christi ist der neue Mensch, die Gemeinschaft solcher Menschen die neue Welt. Ein Mann der Dritten Welt, der brasilianische Bischof Camara, schreibt dazu: „Die Kirche hat sich um den neuen Menschen zu bemühen, der heute entsteht, und um die Richtung der sozialen Entwicklung. Der neue Mensch darf kein riesiger Produzent-Konsument werden, kein Organ einer zur Maschine gewordenen Gesellschaft. Sein Ziel ist es, frei zu sein, bis er sich den anderen schenken kann. Auf diese Weise wird sich eine Gesellschaft herausbilden und vervollkommnen aus Menschen, die sich gegenseitig achten in der uneigennützigen Hingabe an den Nächsten."

Wenn wir als Glaubende die Umwälzungen unserer Zeit miterleben, müssen wir die Chance wahrnehmen, welche das Evangelium heute hat. Es kann Sauerteig sein für die neue Menschheit, die Liebe kann Strukturelement der neuen Welt sein.

Camara schreibt: „Die soziale Revolution, deren die Welt bedarf, ist kein bewaffneter Staatsstreich, sind keine Guerillas, ist kein Krieg. Sie ist ein tiefer und durchgreifender Wandel, der die göttliche Gnade und eine weltweite Bewegung der öffentlichen Meinung voraussetzt. Eine solche kann und muß von der Kirche Anstoß erhalten. Es gilt, eine neue Welt aufzubauen.

Man sagt von Abraham, daß er gegen alle Hoffnung gehofft habe. Ich hoffe nicht nur auf die Hilfe Gottes, sondern ich hoffe auch auf die Intelligenz und den gesunden Verstand des Menschen. Ich wünschte nur, daß wir Christen dann die Fähigkeit beweisen, ein Beispiel zu geben für die Überwindung des Egoismus, für die brüderliche Verständigung."

Wer sagt, er liebt Gott, läßt aber seinen Bruder links liegen, der belügt sich selbst.

Eberhard von Gemmingen

153

10 TIPS ZUM BIBELLESEN

1.
Bevor ich die Bibel lese, bete ich. Ich will auf meinen Herrn hören, zu dem ich gehöre.

2.
Ich lese die Bibel nicht nur, wenn ich Lust dazu habe. Zwar ist jeder Mensch anders veranlagt und jeder wird deshalb seinen Stil finden; aber jeder braucht seine eigenen Gewohnheiten. Dazu kommt man nur durch Übung. Deshalb rate ich, regelmäßig die Bibel zu lesen und dies auch zu bestimmten Zeiten zu tun. Was wir unregelmäßig tun, werden wir bald gar nicht mehr tun.

3.
Bevor ich die Bibel lese, schreibe ich alles auf einen Notizzettel, was mir gerade „durch den Kopf geht", damit nachher in der Stille nicht ständig andere Gedanken mich stören. Und wenn ich die Bibel lese und andere Gedanken sich melden, schreibe ich sie auch auf. Ich habe entdeckt, daß es oft wichtige Dinge sind, die mir da „einfallen". Meistens meldet sich in der Stille das, was unerledigt ist, was ich aber gerne verdränge.

4.
Viele haben ein kleines Tagebuch, in das sie den wichtigsten Gedanken des Bibelabschnitts eintragen. Manche fassen auch am Abend zusammen, welche Erfahrungen sie mit einem Bibelwort tagsüber gemacht haben.

5.
Damit wir nicht nur unsere Lieblingstexte lesen, sondern möglichst viel erfahren von dem, was in der Bibel steht, halten wir uns an den ökumenischen Bibelleseplan (siehe Taschenkalender „365mal Gottes Wort" der action 365).

6.
Meine Achtung vor der Bibel hindert mich nicht daran, dieses Buch als ein „Arbeitsbuch" anzusehen. Ich arbeite viel mit dem Bleistift und nehme gelegentlich auch Buntstifte dazu.

7.
Ein Bibelleser bleibt vor Eigenbrödelei bewahrt, wenn er in einer Gruppe mit anderen Christen zusammen ist, die auch die Bibel lesen. Ich kann dann auch fragen, was ich nicht verstanden habe. Dabei entdecke ich etwas vom Reichtum der Gemeinde.

154

8.
Neben der regelmäßigen Lektüre ist es oft ganz gut, wenn ich längere Zeit nur über ein einziges Wort der Bibel nachdenke. Ich wähle dazu in der Regel Worte, die nicht schwer zu verstehen sind. Damit ich sie nicht mißverstehe, lese ich sie zuerst im Zusammenhang.

Z. B.:

Ich will mich aufmachen und zu meinem Vater gehen (Lukas 15,18);

Ich glaube, hilf meinem Unglauben (Markus 9,24);

Euer Vater weiß, was ihr braucht (Matthäus 6,8);

Ich bin bei euch (Matthäus 28,20);

Tut, wie ich euch getan habe (Johannes 13,15);

Aber auf dein Wort will ich ... (Lukas 5,5).

Beim Nachdenken über solche Worte versuche ich immer wieder zu fragen: Was sagt mir dieses Wort über Gott und mein Verhältnis zu ihm und was sagt es über meine Beziehungen zu anderen Menschen? Was verändert dieses Wort? Wie lerne ich mich und die anderen sehen?

9.
Zum Bibellesen seien besonders die beiden ökumenischen Bibelausgaben empfohlen:

Einheitsübersetzung der Heiligen Schrift, herausgegeben von den katholischen Bischöfen und dem Evangelischen Bibelwerk (Erklärungen im Anhang!)

„Gute Nachricht erklärt", herausgegeben vom Evangelischen und Katholischen Bibelwerk.

10.
Ich lerne immer wieder wichtige Bibelverse, gelegentlich auch ganze Abschnitte auswendig (engl.: by heart). Was ich im Kopf habe, kann ich leichter im Herzen bewegen.

nach Fritz Gaiser

DER TAG BRICHT AN

*Über Zeit und Stunde, Brüder, brauche ich euch nicht zu
schreiben. (2) Ihr selbst wißt genau, daß der Tag des Herrn
kommt wie ein Dieb in der Nacht. (3) Während die Menschen sagen: Friede und Sicherheit!, kommt plötzlich Verderben über sie wie die Wehen über eine schwangere Frau,
und es gibt kein Entrinnen. (4) Ihr aber, Brüder, lebt nicht
im Finstern, so daß euch der Tag nicht wie ein Dieb überraschen kann. (5) Ihr alle seid Söhne des Lichts und Söhne
des Tages. Wir gehören nicht der Nacht und nicht der Finsternis. (6) Darum wollen wir nicht schlafen wie die anderen, sondern wach und nüchtern sein.*

1 Thess 5,1–6

Lesen wir den Text nach kurzer Sammlung zunächst laut
vor. Dann schaut jeder in sein Neues Testament, um sich
still damit zu beschäftigen. Als Fragen können mitgege-
ben werden:
Das Wort „Tag" scheint in Vers 2 und in Vers 5 nicht den
gleichen Sinn zu haben. Was meint Paulus in Vers 5?

Vers 3 spricht vom unbedachten Reden von „Frieden";
sind mir Beispiele aus der „kleinen Politik" meines All-
tags, aus der „großen Politik" der Welt bekannt?

Was bedeutet Vers 6 für mich: „nicht schlafen, sondern
wach sein"?

Nach etwa 10 Minuten lesen wir den Text noch einmal
laut vor und tragen dann unsere Einsichten und Erfahrungen zusammen.

Eine merkwürdige Problematik. Wohl keiner von uns
macht sich Sorge um „Zeit und Stunde", so daß er darüber eine „apostolische Belehrung" brauchte. Man kann
den Anfang auch übersetzen: „Über die Zeiten und Um-
stände", also die Situationen und Gelegenheiten, in denen sich die Wiederkunft des Herrn ereignet. Vielleicht
stutzen wir auf einmal und fragen, was Paulus wohl hier
mit dem „Tag" gemeint hat. Denkt er nur an den Tag X, an
dem die Weltgeschichte ihr Ende findet und „der Tod
nicht mehr sein wird" (Offb 21,4)? Dieser Tag kommt
„wie ein Dieb in der Nacht", und es hat keinen Sinn, ihn
berechnen zu wollen. Hier hilft nur eines: Ständig bereit
sein und die „Alarmanlage" eingeschaltet lassen. Hand
aufs Herz: Sind wir bereit, ihm noch heute endgültig ge-
genüberzutreten?

Wir merken, das Wort von dem kommenden Herrn wird transparent, durchsichtig auf viele Anwendungsmöglichkeiten in unserem Leben. Und auf einmal ist es nicht mehr merkwürdig, daß diese junge Gemeinde in Thessalonich sich darum Gedanken macht. Wenn ich zu jemand eine enge innere Beziehung habe, dann warte ich jeden Tag, ob ich ihn sehen kann. Dann kreisen meine Gedanken um ihn und suchen eine Verbindung herzustellen – durch Besuche, Briefe oder Telefon. Und im Innersten hoffe ich, er möchte mich „unverhofft" kommen. So geht es uns Christen mit dem Herrn.

‚Christus, du bist der helle Tag", beginnt ein alter Hymnus. Auf einmal ist der Termin des „Tages X" gar nicht mehr wichtig, weil das, was sich da ereignen wird, bereits jetzt immer wieder in mir Wirklichkeit wird, so daß dann jeder Tag ein Tag wie jeder andere sein wird, mich also nicht mehr „wie ein Dieb überraschen kann." Dem Ungewissen der Zukunft ist der Schrecken genommen, weil wir „nicht mehr der Finsternis gehören", sondern in Seinem Licht leben. Ein völlig verändertes Lebensgefühl!

Paulus führt also von der Peripherie zur Mitte, von der Sensation des Weltuntergangs hin zu dem großen Geschehen, das sich in der persönlichen Begegnung mit Christus Tag für Tag ereignet. Und vielleicht sind wir hellhörig geworden auf die einfachen Erlebnisse jedes ‚Tages": Wenn wir völlig abgeschafft sind oder ratlos vor den Problemen des Berufs und der Familie stehen, wissen wir auf einmal, daß Einer diese Probleme mitträgt und eine Antwort weiß. Manchmal spüre ich vielleicht eine innere Sicherheit, die Festigkeit im Glauben, daß Gott auch die Geschichte unserer Zeit trägt: dann wird es „Tag" in mir, dann wenn ich mich zum Gebet sammle und plötzlich weiß: Ich bin nicht allein.

Wie sich das Licht in der Morgendämmerung langsam und sicher durchsetzt und der Tag das Dunkel verdrängt, so ist Christus. Unmittelbar steht er an meiner Seite – wenn ich ihn nur wahrnehme, also die Augen öffne! Das meint doch wohl Paulus mit dem „Wach und nüchtern sein": Die unaufdringliche Gegenwart Jesu wahrnehmen und das Leuchten in Seinen Augen erkennen, wenn Er mir nachschaut, mich anschaut. So kann jeder Tag „Tag des Herrn" sein.

Norbert Baumert

DER WERFE
DEN ERSTEN STEIN

Joh 8,1–10

Vers 3: Die Schriftgelehrten und Pharisäer brachten eine Frau.

Was weiß ich von ihnen? – Welche Rollen spielen sie in dieser Situation? – Warum wird nur die Frau des Ehebruchs beschuldigt, nicht auch der Mann?

Vers 3: Eine Frau, die man beim Ehebruch ergriffen hat.

Wie mag ihr zumute sein? Öffentlich, mitten auf dem Platz?

Vers 4: Mose hat im Gesetz vorgeschrieben, daß sie zu steinigen sei.

Vers 6: Jesus bückte sich nieder und schrieb mit dem Finger auf die Erde.

Was will Jesus mit dieser Geste ausdrücken? – Was sagt diese Geste Jesu über das Verhältnis „Mensch und Gesetz"?

Vers 7: Jesus sagt: Wer unter euch ohne Sünde ist, werfe den ersten Stein.

Welches sind die Steine, die ich gegen andere aufhebe? – Die mich von anderen getroffen haben? – Was sagt Jesus mit diesem Satz über unser Verhalten zueinander aus?

Vers 9: Die Männer aber gingen hinaus, als sie das hörten, einer nach dem andern.

Was ging in ihnen vor, als sie das Wort Jesu hörten? – Welche Konsequenzen zogen sie aus seinem Wort? – Welche ziehe ich für mich aus seinem Wort?

Vers 9: Jesus blieb allein, und die Frau war bei ihm.

Was bedeutet diese Nähe Jesu – er allein mit ihr – für die Frau? – Und das in der damaligen Gesellschaft?

Vers 10: Er fragte die Frau: Frau, wo sind sie? Hat dich niemand verurteilt? Sie antwortete: Niemand, Herr. Ich verurteile dich auch nicht, schloß Jesus. Geh, sündige von nun an nicht mehr.

Ich bin mit Jesus allein. Was sagt er mir?

Theresia Hauser

ICH BRAUCHE DIE BIBEL

Es gibt Menschen, die die Bibel nicht brauchen.
Ich gehöre nicht zu ihnen. Ich habe die Bibel nötig.

Ich brauche sie, um zu verstehen, woher ich komme.

Ich brauche sie, um in dieser Welt einen festen Boden
unter den Füßen und einen Halt zu haben.

Ich brauche sie, um zu wissen, daß einer über mir ist und
mir etwas zu sagen hat.

Ich brauche sie, weil ich zu den Kindern Gottes und zu
ihrer Gemeinschaft gehören möchte.

Ich brauche sie, weil ich gemerkt habe, daß wir Menschen in den entscheidenden Augenblicken füreinander
keinen Trost haben und daß auch mein eigenes Herz nur
dort Trost findet.

Ich brauche sie, um zu wissen, wohin die Reise mit mir
gehen soll.

Jörg Zink

UNS ANVERTRAUT

Großer Gott,
gib uns ein verständiges Herz:

damit wir von Deiner Schöpfung
nicht mehr nehmen als wir geben,

damit wir nicht willkürlich zerstören
nur um unserer Habgier willen,

damit wir uns nicht weigern,
ihre Schönheit mit unseren Händen
zu erneuern,

damit wir niemals von der Erde nehmen,
was wir nicht wirklich brauchen.

Großer Gott,
gib uns Herzen, die verstehen:

daß wir Verwirrung stiften,
wenn wir die Musik der Erde stören;

daß wir blind für ihre Schönheit werden,
wenn wir ihr Angesicht verunstalten,

daß wir ein Haus voll Gestank haben,
wenn wir gefühllos ihren Wohlgeruch
verderben.

Ja, Herr, wenn wir sorgsam mit der Erde
umgehen, sorgt sie für uns.

Indianisches Gebet

DIE SCHÖPFUNG
BEWAHREN

**Den
Anfang
wagen**

DAS WUNDER IM KLEINEN

Laß uns dem Kleinen trauen,
das still, langsam, einsam,
aber stetig, ohne bemerkt zu werden,
wächst, reift und fruchtbar wird
auf dem aufnahmebereiten Acker
unserer Herzen.

Laß uns auch in dieser Welt- und
Kirchenzeit erleben, wie Du, Gott,
aus den großen, stolzen Bäumen
selbstmächtiger Systeme ein kleines Reis
ausbrichst und irgendwo auf der Höhe
einpflanzen wirst, wo Du willst.

Laß dieses Reis sich als kostbar
erweisen, indem es Frucht bringt
in reicher Fülle.

Guter Gott und Vater, gib uns allen
eine tiefe Ehrfurcht vor dem Wunder
des Kleinen, das Du so sehr liebst
und in dessen Kleinheit und Ohnmacht
Du groß sein willst vor den Augen der Welt.
Darum bitten wir Dich
durch Christus unseren Herrn. Amen.

BEGEGNUNG

Herr Jesus Christus,
ich bete zu Dir:
Hilf, daß ich nie vergesse,
daß Du, als Du auf Erden bei uns warst,
eine Frau zum ersten Zeugen Deiner
Wunder berufen hast.

Daß Dich, den Sohn Gottes, eine Frau gebar.

Daß Dein erstes Wunder zu Kana geschah,
als Deine Worte Wasser in Wein verwandelten,
um die Bitte einer Frau zu erfüllen.

Daß die Samariterin, die Dir Wasser gab,
die erste war, der Du Dich zu erkennen gabst.

Daß eine Frau mit gebrochenem Herzen,
die Deinen toten Körper im Grabe suchte,
als erste Dir nach der Auferstehung
begegnen durfte.

Jeder von ihnen gabst Du eine erste Frucht!
Den ersten Laut des Lebens, das erste Wunder,
die erste Offenbarung Deiner selbst
als Messias, den ersten Beweis,
daß Du den Tod überwunden hast.

In aller Demut bete ich, lieber Herr:
Laß mich eine Frau sein, die dieses Namens
wert ist, die den Mut hat, Dir aus Liebe
zu folgen, nicht nur in frommen Wünschen
und Gedanken, sondern in jeder Tat,
vor den Augen der Welt.

Und schenke mir Liebe,
wenn für mich der Morgen
eines neuen Lebens anbricht.

Daß auch ich, wie einst Maria Magdalena
am Grabe, erkenne, daß Du es bist,
der mir begegnet,
und mich bei meinem Namen ruft.

Lisa Sergio

ZWEI LETZTE WORTE:
GOTT UND MENSCH

Jesus,
alle Lehre über Dich ist gut,
und ich sage vor ihr gern immer wieder:

Ich glaube; Herr, hilf meinem Unglauben.

Aber alle Lehre über Dich ist nur gut,
weil sie mir das mir eigene,
innere Bild von Dir,
nein Dich selbst verdeutlichen soll,
wie Du dich selbst
mir in Deinem Geist
ins Herz sagst
und wie Du mir schweigend begegnest
im Geschick meines Lebens
als der Erfahrung Deiner Gnade.

Im Nächsten,
an den ich mich ohne Rückversicherung
wagen muß,
in der Treue zum Gewissen,
die sich nicht mehr „lohnt";
in aller Liebe und Freude,
die doch nur Verheißung ist und fragt,
ob ich den Mut habe,
an die ewige Liebe und Freude
zu glauben;
in dem langsamen Ansteigen
der dunklen Wasser des Todes
in der Grube meines Herzens,
in der Finsternis des Todes,
der ein Leben lang gestorben wird,
in der Alltäglichkeit
der schweren Dienste täglicher Bewährung:
überall begegnest Du mir,
allem bist Du inwendig,
ungenannt oder mit Namen angerufen.
Denn in allem suche ich Gott,
um der tötenden Nichtigkeit
zu entfliehen,
und in allem
kann ich den Menschen nicht lassen,
der ich bin und den ich liebe.

Darum bekennt alles Dich,
den Gott-Menschen.

Alles ruft nach Dir,
in dem als Mensch man Gott schon hat,
ohne nochmals den Menschen lassen zu müssen,
und in dem als Gott man den Menschen
finden kann,
ohne fürchten zu müssen,
dem bloß Absurden zu begegnen.

Ich rufe Dich an.
Die letzte Kraft meines Herzens
greift nach Dir.

Laß mich Dich finden,
Dir begegnen
in meinem ganzen Leben,
damit langsam mir auch verständlich wird,
was die Kirche mir von Dir sagt.

Es gibt nur zwei letzte Worte:
Gott und Mensch,
ein einziges Geheimnis,
in das ich mich völlig,
hoffend und liebend ergebe.

Dieses Mysterium
ist ja in seiner Zwiefalt
wahrhaft eines,
es ist eins in Dir,
Jesus Christus.

Zu Dir sage ich,
meine Hand in Deine Wunde legend,
mit dem zweifelnd fragenden Thomas:

„Mein Herr und mein Gott."

Karl Rahner

GEPRIESEN SEI GOTT,

der Vater unseres Herrn Jesus Christus:
er hat uns mit allem Segen seines Geistes gesegnet
durch die Gemeinschaft mit Christus im Himmel.

Denn in ihm hat er uns erwählt
vor Erschaffung der Welt,
damit wir heilig und untadelig vor Gott leben;

er hat uns aus Liebe im voraus dazu bestimmt,
durch Jesus Christus seine Söhne zu werden
und nach seinem gnädigen Willen
zu ihm zu gelangen,
zum Lob seiner herrlichen Gnade.

Epheser 1

Der Herr segne dich und behüte dich.
Der Herr lasse Sein Angesicht
über dich leuchten und sei dir gnädig.
Der Herr wende Sein Angesicht dir zu
und schenke dir Heil.

Segen Aarons (Num 6, 24–26)

Für die freundliche Genehmigung zur Aufnahme der hier angegebenen Texte danken wir den Verlagen und Autoren:

Die Arche – S. 146 aus: Walter/Zils: Hol mich herein; **Aussaat** – 134 aus: Gesammelte Gebete aus Afrika; **Bernward** – 49(2) aus: Antennen – 82 aus: Canta Bona; **Brockhaus** – 4(2), 130(2), 131(2) aus: P. Roth: Gott wartet auf Antwort – 90 aus: P. Roth: Gott ist jederzeit zu sprechen; **Brunnen** – 53(2) aus: A. Benda: Zu dir rufe ich; **Bucher** – 136(*) „Sonnengesang", Übers. von Eßer/Hardick; **Butzon & Bercker** – 7 aus: A. Höfer: Auf dem Weg – 9(*) aus: W. Willms: roter faden glück – 48(1), 69(2) aus: Messbuch '88, Einführungen von E. Beck – 161 aus: W. Willms: Sämann und Saat; **Driewer** – 19 aus: Seidel/Zils: Psalmen der Hoffnung – 66, 95 aus: A. Schilling: Kanongebete der Holländischen Kirche; **Droemer-Knaur** – 11 aus: Hammarskjöld-Tagebuch; **Echter** – 21, 81 aus: S. Schneider: Denn du bist da – 44 aus: I. Pacher: Irgendwann aufbrechen; **G. Mohn Gütersloh** – 16 aus: Glaubensbekenntnisse – 76, 77 aus: Unterwegs 48(2), 88(3) aus: Allg. Evang. Gebetbuch; **Herder, Freibg.** – 12 aus: R. Schutz: Engagierte Gelassenheit – 17 aus: E. Schillebeeckx: Christus und die Christen – 18 aus: Neues Glaubensbuch – 93 aus: H. J. M. Nouwen: Gebete der Stille – 85(2) Wien – 6,10(1,2), 13(*), 37, 67(*), 72–74, 87(1), 140(*), aus: H. Oosterhuis: Ganz nah ist dein Wort – 163/64 aus: Karl Rahner-Lesebuch; **Van Hoorick** – 15(*) aus: Das Lied der Sonne; **Jugenddienst** – 5(2) Ch. Weiß; **G. Kaffke** – 5(1), 68 aus: Cromphout: Eine Zeit des Redens; **Kath. Bibelanstalt** – 29–34(*) Psalmen, Texte aus d. Einheitsübers.; **Knecht** – 94, 162 aus: L. Sergio: Sei du mit mir – 96 aus: K. Magiera: … was der Juli mit kocht … –144/45(*) aus: J. B. Lotz: Meditation im Alltag; **Kreuz** – 20 aus: Das Heil der Welt heute – 22, 35, 83, 102 aus: J. Zink: Wie wir beten können – 127 aus: J. Zink: Womit wir leben können – 160 aus: Vorbereitungsheft z. Weltgebetstag d. Frauen '81; **Liturgisches Institut** – 28(*) aus: Neues Stundenbuch I – 49(1) aus: Neues St. b. II – 109–113, 114–118(*) aus: Benediktionale – 123–126 Tagesgebete aus: Wochentags-Schott; **missio-aktuell** – 135 aus: Leben im Glauben; **Pendo** – 92 aus: Weigner/Moosbrugger: Stimme der Stummen Welt; **Rex** – 40(2) aus: Schmidkonz: Meditative Gebete – 80 aus: K. Stelzer: Gebete der Freude; **Schriftmission** – 43(1) aus: Schalom „Gotteslob", Bonn – 42(1), 52, 78, 79, 133; **Styria** – 36 aus: R. Schutz: Leben wagen; **Süddeutsche Verl. Ges.** – 99 aus: E. Legler: Elemente f. d. Gottesdienst; **Veritas** – 87(2) aus: Der Mensch vor Gott.

Autoren:

F. Gaiser, 154(*) aus: Die ersten 100 Tage mit der Bibel – Th. Hauser 139(*) aus: Das Thema 21/79; 158(*) aus: das Thema 21/79 u. 22/80 – R. Hofmann 56/57(*) aus: Gewissen, hg. v. Infozentr. Berufe d. Kirche, Freibg. – H. B. Meyer: Gewissensspiegel aus: Gotteslob Nr. 61 – H. Schalk, 143 aus: d. Thema 12/13.

Gekürzt wurden die mit (*) bezeichneten Texte sowie: 14 aus: Rede v. P. Arrupe SJ – 27, Die Bischöfe Frankreichs – 60–63, Synode der dt. Bistümer – 138, Die Bischöfe der Niederlande.

Gestaltung: Titelseite, Typografie u. Plakatmotive Seite 32/33, 64/65, 97 u. 129: Gerhard Juchem – Plakate Seite 96: Pott-Design – 161: Studio Rau – Motive Seite 128: Emil Wachter © 1988 by COSMOPRESS, Genf – 1, 160: Heinrich Schreiber.

Entstanden ist das Buch BETEN IM ALLTAG aus den Schriftlesungskalendern

365mal Gottes Wort

Dieser Taschenkalender enthält:

- Ein Schriftwort mit Kurzkommentar
  für jeden Tag
- Moderne Gebete
- Terminplaner in monatlicher Übersicht
- Wichtige Anschriften
  und andere Informationen.

Er ist jeweils ab 25. August lieferbar.

Bestellschein

1. Senden Sie an die unten aufgeführte Anschrift:

   _____ Stück BETEN IM ALLTAG
   165 Seiten, Preis DM 5,-

2. _____ Stück WORTE HEUTE
   200 Seiten, Preis DM 6,-

3. _____ Stück Schriftlesungskalender
   365mal GOTTES WORT 19___
   im Plastikeinband (190 Seiten)

Name: _____

Straße: _____

Ort: _____

Bitte im Umschlag oder auf Postkarte aufgeklebt an:
Verlag der action 365 GmbH, Kennedyallee 111a,
6000 Frankfurt/M. 70, Postgiro Frankfurt 8986-606.
Kleinere Beträge in Briefmarken erbeten.